8000系プレミアムカー

2017年（平成29年）に登場した京阪初の有料座席指定車両。豪華な内装に加え、市松模様が施されたゴールドの扉が雅なイメージを演出している。

特急
Limited Exp.
淀屋橋
Yodoyabashi
8060
特急
KEIHAN
Keihan Railway

8000系

1989年（平成元年）に鴨東線三条～出町柳間の開業にあわせて登場した特急用車両。デビューから30年を迎えた今も京阪のフラッグシップトレインだ。

ノンストップ
京橋ー七条
3002
洛楽
KEIHAN
EXPO2025

新・3000系

2008年（平成20年）の中之島線開業時に登場した３扉・セミクロスシート車両。快速特急「洛楽」や特急を中心に運用されている。

9000系 特急の混雑緩和と輸送力増強を目的に1997年（平成９年）に登場。現在はロングシートに改造されて7200系とほぼ変わらない姿になった。

13000系 2012年（平成24年）に登場した京阪の新標準車両。宇治線・交野線で使用が開始されたが、近年は本線系統での増備が進んでいる。

6000系 1983年（昭和58年）の京阪本線系統直流1500ボルト昇圧に備えて大量投入された車両。デザインは、その後しばらく京阪電車の基本スタイルとなった。

5000系 片側に５カ所の乗降用扉を設け、多扉車の先駆けとなった車両で、1970年（昭和45年）に登場。座席昇降装置によって、昼間は２つの扉が座席に変わる。

600形　1984年（昭和59年）に260形・300形の車体を流用し、大津線系統初の冷房車として登場。かつては京津線でも使用されていたが、現在は700形とともに石山坂本線で活躍中。

800系　1997年（平成９年）、京都市営地下鉄東西線乗り入れ用として登場。あらゆる線路条件に応じた性能を備え、地下鉄にも路面電車にもなるハイテク車両だ。

「技あり！」の京阪電車

創意工夫のチャレンジ鉄道

伊原　薫
Ihara Kaoru

交通新聞社新書 129

はじめに

大阪と京都の中心部を直結する本線を軸に、交野線・宇治線・中之島線の3路線が接続し、さらに京都市営地下鉄を介してつながる京津線と石山坂本線、そして男山ケーブルと呼ばれる鋼索線の計7路線からなる、京阪電気鉄道（以下「京阪」）。91・1キロメートルの路線に全88駅（鋼索線を含む）を有し、1日当たり約80万人が利用している。大手私鉄の一つとして、通勤通学輸送などで関西の経済を支える一方、沿線には寺社仏閣をはじめとする観光名所が点在しており、それらを訪れる人たちの足としても古くから活躍してきた。多くの関西人が鉄道会社を「〇〇電車」と呼ぶように、京阪も「京阪電車」と呼ばれ、親しまれている。

ところで、皆さんは「京阪」と聞いて、どんなことを想像するだろうか。

最近のことであれば、何と言ってもまず思い浮かぶのは京阪初の有料座席指定車両「プレミアムカー」であろう。あるいは、その登場後も根強い人気を誇る、ダブルデッカーの

蹴上停留所に停車する、在りし日の80形

ほうが好きだという方もいるかもしれない。オールドファンであれば、半世紀に渡り京阪特急の代名詞的存在だったテレビカーや、蹴《け》上《あげ》付近で桜並木を横目に走る80形を懐かしがる方も多いに違いない。

今でこそ車両面を中心に華やかな話題の多い京阪だが、１９１０年（明治43年）に営業を開始して以来、いや開業前から、その船出は波瀾に満ちたものだった。特に、大阪側のターミナルを巡る駆け引きや、景気の波にのまれての事業縮小、自らの手で築いてきた路線がある日ライバルになってしまうなど、〝不運〟という言葉だけでは片づけられない試練が何度も立ちはだかっている。

複々線区間ですれ違う8000系特急（左）と7000系準急

だが、それでも京阪は前に進み続けてきた。持ち前のアイデアと技術を武器にし、時にはピンチをチャンスに変えながら、関西の鉄道業界をリードしてきた。鉄道ファンの間では「技術の京阪」「進取の京阪」と言われることもあるが、これらの称号はその証と言えるだろう。

一方で、あまり馴染みがない人にとっての京阪は、どこかパッとしないイメージがあるかもしれない。確かに、阪急のような華やかさはなく、近鉄のように規模も大きくない。関西大手私鉄では唯一、プロ野球球団を持ったことがない。だが、見方を変えればそれはすなわち、京阪の本分である鉄道事業に重点を置いてきた結果とも言える。もちろん、京阪も様々な関連事業を展開しているが、それらは乗客を増やし、また沿線の魅力向上を通じて価値を高めることに注力してきたのである。そしてその過程でしばしば、他の鉄道会社をあっと驚かせるような出来事をいくつもやってのけているのだ。

本書では、そうした京阪の歴史を振り返りながら、車両や駅、沿線にまつわる様々な逸話を紹介する。なお、会社名や駅名は一部を除いて現在の名称（ただし国鉄とJRは分け、日本国有鉄道以前は官営鉄道時代も含め基本的に「国鉄」で統一）で記述した。また、京阪では形式名について以前は「型」「系」を使用し、後に「形」「系」と変更されたが、本書では後者に統一している。

「技あり！」の京阪電車――目次

はじめに……2
京阪電気鉄道路線図……10

第1章　踏まれてもへこたれない！
不屈のチャレンジ精神で歩んだ京阪の100年……13

他者の思惑に翻弄された京阪／14　数々のハンディが生んだ「日本初」／24　和歌山・奈良……京阪ネットワークの拡充／39　京阪を守るはずの路線がライバルに⁉　～新京阪鉄道～／47　目指すはワンランク上のサービス　～京阪特急の2つの目玉～／56

コラム　「おけいはん」はこうして生まれた！／63　つなげると1つの曲に！　あのミュージシャンが作曲した駅メロディ／65　〝走る博物館〟京阪ミュージアム

トレイン／67

第2章　これが〝技術の京阪〟の真骨頂
匠が生んだ名車両たち……69

8000系～京阪のフラッグシップ車両／70　新・3000系～特急運用に就くクロスシート車／78　5000系～一世を風靡した多扉車の元祖／83　2600系～登場から半世紀たった今も現役／87　800系～地下から路面まで走る万能選手／90　9000系～早く生まれすぎた3扉セミクロス車／94　6000系～京阪スタイルをがらりと一新／98　600形・700形～大津線の近代化を担った車両／101

コラム　1900系～今なお愛され続ける不朽の名車／105　旧・3000系～波瀾に満ちた人生の5代目京阪特急／109　ラッシュ輸送を陰で支える複々線／112

第3章　巨木、急坂、即席居酒屋など
一度は訪ねてみたい個性あふれる駅10選

……117

淀屋橋～京阪の悲願だった市内中心部乗り入れの象徴／118　京橋～京阪の要となる拠点駅／121　土居～隣どころか3駅先まで見渡せる〝見る鉄スポット〟／124　萱島～危機を逃れた大クスノキが見守る駅／127　伏見稲荷～朱塗りの柱も鮮やかな〝お稲荷さん〟の最寄駅／129　三条～ターミナルの面影をわずかに残す駅／131　出町柳～昭和を跨いで実現した洛北へのルート／135　宇治～意外な列車との共通点を持つ駅／138　大谷～日本一！　なにかが狂う山間の小駅／140　中之島～利用低迷を逆手に取った大ヒットイベント／143

コラム　京阪と成田山の深い関係／147

第4章　観光開発から中之島線の将来構想まで
京阪が取り組む沿線活性化……149
京阪の歴史とともに歩んだ「菊人形展」／150　精力を注いだ琵琶湖・比叡山・鞍馬エリア観光／155　アニメ作品に登場する京阪電車と駅／167　多彩な車両にグルメな列車、大津線の取り組み／172　京阪の将来を変える？　中之島線のポテンシャル／176
コラム　水上バスとおとぎ電車／183　あれもこれも、実は京阪グループ／187
終　章　受け継がれ、進化する〝京阪スピリッツ〟……190
おわりに……196
おもな参考文献……198

═══ は複々線区間

━━━ は複線区間

京阪電気鉄道路線図

坂本比叡山口《さかもとひえいざんぐち》
松ノ馬場《まつのばんば》
穴太《あのお》
石山坂本線
滋賀里《しがさと》
南滋賀《みなみしが》
近江神宮前《おうみじんぐうまえ》
京阪大津京《けいはんおおつきょう》
大津市役所前《おおつしやくしょまえ》
三井寺《みいでら》
島ノ関《しまのせき》
石場《いしば》
京阪膳所《けいはんぜぜ》
錦《にしき》
膳所本町《ぜぜほんまち》
瓦ケ浜《かわらがはま》
中ノ庄《なかのしょう》
京阪石山《けいはんいしやま》
粟津《あわづ》
唐橋前《からはしまえ》
石山寺《いしやまでら》
びわ湖浜大津《びわこはまおおつ》
上栄町《かみさかえまち》
京津《けいしん》線
御陵《みささぎ》
京阪山科《けいはんやましな》
四宮《しのみや》
追分《おいわけ》
大谷《おおたに》
枚方公園《ひらかたこうえん》
光善寺《こうぜんじ》
香里園《こうりえん》
寝屋川市《ねやがわし》
京阪本線
萱島《かやしま》
大和田《おおわだ》
古川橋《ふるかわばし》
門真市《かどまし》
西三荘《にしさんそう》
守口市《もりぐちし》
土居《どい》
滝井《たきい》
千林《せんばやし》
森小路《もりしょうじ》
関目《せきめ》
野江《のえ》
京橋《きょうばし》
天満橋《てんまばし》
なにわ橋《なにわばし》
大江橋《おおえばし》
渡辺橋《わたなべばし》
中之島《なかのしま》
中之島線
北浜《きたはま》
淀屋橋《よどやばし》

第1章

踏まれてもへこたれない！不屈のチャレンジ精神で歩んだ京阪の100年

他者の思惑に翻弄された京阪

●紆余曲折を経た京阪間の私鉄建設

大阪～京都～大津を結び、沿線に多くの商業地や住宅地、観光名所を抱える京阪。その歴史がスタートしたのは、20世紀に入って間もない頃である。

明治維新以降、急速に経済が発展し人口も増加するなかで、大阪と京都を結ぶ交通機関の整備を求める声は大きくなっていた。1872年（明治5年）の新橋～横浜間に続き、1874年（明治7年）には大阪～神戸間が官営鉄道として開業。その後は徐々に東へと路線を延ばし、1877年（明治10年）には京都まで、その3年後には大津まで到達した。一方、琵琶湖疏水を利用した水力発電によって急速に電気が普及し、これを利用した産業も発展を見せる。1894年（明治27年）には、恒久的な営業路線として日本初の路面電車が京都で開業したのに続き、1903年（明治36年）には大阪でも路面電車が走り始めた。

こうした流れを受け、関西の経済界では京阪神の各地をより速く移動できる電気鉄道が待ち望まれるようになった。京阪間においても、近畿鉄道が計画したルート（京都市上京区岡崎町から七条・伏見・淀・八幡・枚方・守口を経由して大阪府下東成《ひがしなり》郡野田村にいたる）をはじめ、いくつかの鉄道敷設免許が申請された。だが、これらの計画は官営鉄道と競合するといった理由で却下されたり、免許が発行されたものの工事資金が集まらないまま期限を過ぎて失効したりと、遅々として進まなかった。

そんななか、１９０３年に畿内電気鉄道が大阪市東区高麗橋《こうらいばし》東詰から京都市下京区朱雀《すじゃく》町《ちょう》五条大橋東詰にいたる路線の特許を申請した。ここで注目したいのは、「免許」ではなく「特許」となっている点である。他社によるそれまでの申請が私設鉄道法に基づく免許申請であったのに対し、畿内電気鉄道は軌道条例に基づく特許として申請した。私設鉄道と官営鉄道はどちらも逓信省が所管していることから、競合路線とみなされて免許が却下されることを避けるため、内務省が所管する軌道条例での建設を目指したのである。

この作戦が功を奏したのか、３年後の１９０６年（明治39年）に特許状と命令書が下付され、これを受けて畿内電気鉄道が創立、同時に京阪電気鉄道と改名した。開業に向けた準備が急ピッチで進められたが、ここで早くも難題が立ちはだかる。申請が軌道条例に基づくものだったため、当然ながら道路上に線路を敷く併用軌道区間が多く、その距離は全区間の3分の2を占めていた。当時はまだ自動車が普及する前であり、道路を行き交う数も少なかったとはいえ、これでは接触事故などの危険も常に付きまとう。また、カーブも多くスピードアップが難しいことから、京阪はルートの変更を積極的に行うこととした。これも、当局をなるべく刺激しないよう、まずは京都府内の郡部から始めて大阪府内の郡部、京都市内、そして大阪市内という順番で申請を進め、最終的に併用軌道を全区間の3分の1まで減らすことに成功している。

もっとも、逆の見方をすればルート変更後も相当数の併用軌道やカーブが残り、特にカーブについては「京阪電鉄カーブ式会社」という異名が付くほどで、現在にいたるまで大きなハンディとなってきた。そこで京阪では、様々な技術の投入によってこれを克服していく。「技術の京阪」と言われるまでになったアイデンティティは、このハンディによって培われたのかもしれない。

●大阪市に〝してやられた〟市内乗り入れ

先に記した通り、京阪が取得した特許では大阪側のターミナルは高麗橋詰町（現在の北浜駅の少し南東）に設けることとしていたが、これに大阪市が難色を示した。この頃、大阪市は市内を十字に走る大阪市電第二期線の建設を開始する一方で、民間事業者の進出に対抗するため第三期線の計画も進めていた。これは、当時の大阪市長だった鶴原定吉の「市民の生活に直結する公共交通は、民間企業に任せるのではなく市がみずから手掛けるべきだ」という、後に「市営モンロー主義」と呼ばれる考えに基づくものである。採算などにとらわれず大阪市が一元的に整備することは、市民生活や経済活動に大きなプラスとなった一方、私鉄路線が市内に入れないというのは民間鉄道事業者にも大きな影響を与えることになり、郊外の居住者にとっても不便である。そこで、国は大阪市電の計画に対してある条件を付けた。それは「国が許可した場合、民間鉄道事業者の大阪市電への乗り入れを拒否できない」というもの。つまり、市内中心部へは各私鉄が大阪市電に乗り入れることで、双方の主張をすり合わせようとしたのである。

京阪は大阪市との衝突を避けるため、大阪側のターミナルを予定より東側の天満橋南詰へと後退させ、ここから大阪市電に乗り入れすることにした。いわば、大阪市側に譲歩した形である。乗り入れに際し、京阪は大阪市に報奨金として38万円を支払う一方、営業開始から10年が経過すれば、大阪市はこの報奨金を返還することで乗り入れ協定を解除できるという契約だった。乗り入れ区間は天満橋南詰から今橋東詰までとされたが、この路線はさらに梅田へと延び、そこで阪神電気鉄道（以下「阪神」）とも接続することが計画されていた。つまり、実現すれば京阪の列車が梅田まで走り、さらには阪神とも連携が行われるはずだったのである。京阪はこの契約に基づき、車両の大きさを小さくするなど大阪市電に乗り入れできる態勢を整えていた。

だが、この目論見は大きく狂ってしまう。想定していたより併用軌道の道路交通量が増えたことに加え、市電の運営に他社を関与させたくなかった大阪市電側は、京阪が1910年（明治43年）に天満橋をターミナルとして開業させた後に「京阪の車両は大きすぎて、市電へ乗り入れることができない」と言い出したのである。困った京阪は何度も交渉を重ねたが、市電側の言い分が変わることはなかった。結局、乗り入れは一度も行われることなく契約は解除され、報奨金は全額が返還されたものの、大阪側のターミナルを市内中心部に置くという構想は幻となってしまった。大阪市側にしてみれば〝してやったり〟だが、京阪にとっては痛恨事であり、天満橋から先への延伸はこの先長らく京阪の悲願となった。

開業から半世紀以上たった1963年（昭和38年）、ついに淀屋橋への延伸を成し遂げ

開業日に行われた淀屋橋延伸の竣工式　1963.4.15

完成した地下線に入る1700系

天満橋駅のホーム上に掲げられた「先覚志茲成」と記された扁額

た際には、建設された地下線の入口に「先覚志茲成」(せんかくのこころざしここになる：幾多の先輩たちが夢見た目的を成し遂げた)という扁額が掲げられたほどで、まさに万感胸に迫る思いだったに違いない。この扁額は現在、天満橋駅のホーム上に移設されている。

●トラブル多発！　ドタバタの開業劇

こうして、京阪は大阪側のターミナルを天満橋へと変更し、1910年4月15日に京都・五条(現在の清水五条)までを一挙に複線で開業させた。路線免許の取得から3年半と、かなりのスピードである。変電設備や電気機器、レール、架線柱などは取締役がイギリスに長期出張して調達したが、これらの契約は、この人物が独断で決定した部分も多く、

開業当時の蒲生駅（現：京橋駅）付近。今では想像もつかないほどのどかな風景である　写真提供：京阪電気鉄道

帰国後にひと悶着あったと記録にある。変電所は守口・枚方・伏見の3カ所に、車庫は京橋駅西側と深草駅付近の2カ所に建設され、車両の製造は川崎造船所と日本車輌製造が担当した。また、運転士をはじめとする従業員の実務教育は、阪神に依頼したという記録が残っている。

　当初、開業日は4月1日を予定していたものの、両端駅付近の工事に手間取ったこと、直前に守口変電所の変圧器が焼損したことなどから延期。4月12日と13日にも、試運転中の衝突事故や脱線事故が発生している。4月15日には早朝より開業記念式典が行われ、大勢の人が詰めかけたものの、この日も午前9時ごろに車両故障や脱線事故、さらにはこれによる停電なども発生し、終日大混乱となるなど、波瀾のスタートとなった。

こうしたトラブルは次第に減少したが、1917年（大正6年）の元日には運転士の飲酒運転による追突事故が発生。続く1月17日には深草車庫で留置中の車両から出火し、車庫の施設とともに車両15両を焼失した。この復旧に際しては、不足する車両を南海電気鉄道（以下「南海」）から借り入れるなどしてしのいでいる。さらに、10月には豪雨によって淀川の堤防が決壊するなど2度の水害が相次ぎ、路盤流失や線路の浸水など大きな被害を受けるなど、この年は京阪にとって受難の年となった。

●幻と消えた梅田への延伸

さて、大阪市電への乗り入れが幻に終わった京阪は、別の方法で市内中心部への延伸を模索することになる。ちょうどこの頃、国鉄城東線（現在のJR大阪環状線）の高架化が検討されていたことから、京阪では高架化後に旧線を譲り受け、野江から梅田へ路線を延ばす計画を立てた。国鉄と交渉の結果、1920年（大正9年）には双方の合意に至ったものの、肝心の高架化工事がなかなか進まず、計画はどんどん遅れてゆく。業を煮やした京阪は再交渉を行い、京阪が城東線の高架を建設し、完成後に旧線と交換することで話がまとまった。

最初の合意から8年の歳月が過ぎてようやく工事は着工され、その4年後である1932年（昭和7年）にほぼ完成したが、今度は京阪が深刻な経営難に陥ったため、工事の継続が難しくなった。さらに、旧線の利用についても例のごとく大阪市から横槍が入り、こちらの開業も見通しがつかなくなったことから、京阪は一連の計画からの撤退を決定。完成している部分を国鉄に引き継ぎ、国鉄からはその費用分に相当する土地や建物を譲受することとなった。

この譲受は1941年（昭和16年）にようやく行われ、国鉄大阪駅東側の土地が京阪のものとなった。だが、この土地は阪神急行電鉄（阪急）の梅田駅や阪急百貨店に隣接していたことから同社の介入を受け、最終的に阪急が京阪から買い取っている。京阪が高架化工事に費やした費用は318万円、この費用分として受け取った土地に対して阪急が支払ったのは270万円と記録されており、京阪は損をする結果となったが、それ以上に梅田乗り入れの道が絶たれたことの方が痛恨だったに違いない。もしこの計画が実現していれば、京阪が梅田にもターミナルを構えていたわけで、街の風景もまったく違うものになっていただろう。ちなみに、この場所には現在「HEP　FIVE」などが建てられている。

数々のハンディが生んだ「日本初」

●日本初の急行電車と「青・黄・赤」の鉄道信号機

このように、ドタバタの中で歩み始めた京阪だったが、開業から2年が経過した1912年（大正元年）には、大阪〜京都間の往復旅客が国鉄の101万人に対し京阪は103万人と、早くもシェアが逆転している。さらには、通勤通学利用だけでなく沿線の観光地への行楽利用が増えたこと、1913年（大正2年）に開業した宇治線の沿線に明治天皇の御陵が置かれたことによる参拝者の利用などもあり、乗客は順調に増加。これに対応すべく、京阪は施設の改良を進め、運行本数を増やしてゆく。開業当初は天満橋〜五条間で100分かかっていた所要時間は、この頃には80分にまで短縮されていた。

そんななか、京阪ではさらなるスピードアップによってシェアを伸ばすべく、1914年に急行電車の運転を開始。機関車牽引ではなく電車方式による急行列車は日本初で、全線をノンストップとして60分で結んだ。現在の特急が天満橋〜祇園四条間を45分で結んでいることを考えると、かなりのスピードと言える。ただし、当時はまだ信号機などの保安設

八幡駅（現：八幡市駅）に停車する急行電車　写真提供：京阪電気鉄道

備がない時代で、列車の安全確保は「先行列車が次の駅にたどり着く頃を見計らって出発する」というのが基本だ。もしトラブルなどで先行列車が駅間に停まった場合は、その乗務員が後方へ走って後続列車に知らせるしか方法がなく、また後続列車の運転士は常にその可能性を考えて運転する必要があった。スピードの遅い普通列車ならともかく、途中ノンストップで走る急行列車は先行列車に追いついたり、停止列車に気付くのが遅れて追突してしまう可能性もあるため、現場からは反対の声も上がったという。このため運行開始当初は、最終の普通列車が出たかなり後に急行列車を出発させるという形がとられている。

当初はいわば広告宣伝的な意味合いの強かった急行列車だったが、これを乗客が多い時間帯にも運転できるようにするための方策として、京阪では自動信号機の導入を進めることになった。当時、信号機を導入している鉄道会社はまだ少なく、しかもそれらは矢羽根の角度で進行の可否を表す「腕木式信号機」が主流で、視認性が悪いものだった。そこで京阪は、電球と着色レンズを用いて先行列車の位置を赤・黄・青の3色で知らせる「色灯三位式自動信号機」を日本で初めて導入。システムはアメリカから輸入し、全線にわたって合計114基を設置した。1915年（大正4年）4月から使用を開始すると、これに合わせて朝夕の急行運転を始めた。

この急行列車は好評で、同年10月の五条～三条間延伸とともにさっそく増発されたのに続き、翌1916年には抜本的なダイヤ改正が行われ、大増発によって24分間隔で運行されるようになった。同時に、枚方東口（現在の枚方市）や八幡、中書島などが停車駅に加わり、途中駅の利便性が高められている。

●スピードを追求した二つの「6」～デイ100形と60形～

京阪とスピードについて、もう少し取り上げてみよう。

一つは、子会社である新京阪鉄道の超特急だ。新京阪鉄道の設立とその後の経緯につい

阪急正雀工場で保存されている新京阪鉄道デイ100形116号車

ては別項で詳しく述べるとして、そのシンボルといえる存在だったのが、この超特急である。もともと新京阪線は大阪～京都間の速達輸送を目的として建設されており、そのため1928年（昭和3年）の開業当初から急行列車が運転されていた。これに続き、1930年には日本で初めて超特急を名乗る列車が誕生。モーター出力150キロワット、設計最高時速120キロメートルという、今の鉄道車両と比べても引けを取らないP－6形（後のデイ100形）が天神橋（現：天神橋筋六丁目）～西院《さいいん》間を34分で走破し、その表定時速は当時日本最速の72・7キロメートルを誇った。現在、行楽シーズンに運転されている阪急京都線の臨時列車が、これより短い天神橋筋六丁目～桂間を36分かけて走っている（ただし停車駅は超特急と同じく淡路のみだが、同駅で数分間停車する）ということを考えれば、驚異的な数字である。東海道線の特急「燕」を追い抜いたという逸話を聞いたことのある方もいるだろう。ただし、この逸話は事実ではなく、新京阪の運転士が「燕」と並んだ際にちょっとした対抗心で抜いた、という説もある。

もう一つは、60形「びわこ号」だ。日本初の連節車として知られる同形だが、そもそもの目的は大阪から大津までの直通速達輸送であった。京阪は大阪から琵琶湖方面への行楽客輸送を目的に、京津線を運営する京津電気軌道を合併したものの、同線は車両限界が路面電車と同等の小ささであることに加え、全国でもトップクラスの急勾配や急カーブがあるため、本線の車両は入線できなかった。かといって、スピードの出ない京津線車両がそのまま本線を走ればダイヤに大きく影響するため、両線どちらにも対応できる車両として生まれたのが同形である。すなわち、京津線の急カーブと本線での高速走行を両立させるべく連節構造を採用するとともに、高さが異なる客扉を設けて通常ホームと低床ホームの双方に対応。集電装置も本線用パンタグラフと京津線用ポールの２種類を装備した。

１９３４年（昭和９年）に登場すると、さっそく天満橋〜浜大津間の直通列車「びわこ号」として運転を開始。途中の停車駅は両線が接続する三条のみとし、同区間を72分と、

復元された60形63号車

こちらも驚異的なスピードで結ぶことに成功した。この直通列車は、当初の目的通り琵琶湖方面への行楽客に大人気となり、後に琵琶湖を北上してマキノ方面のスキー場へ向かう「スキー船」にも接続するなどして、利便性の向上が図られた。

だが戦時体制への移行などによって、定期直通運転は6年ほどで廃止され、収容力の小さい60形は戦後に京津線専用となった。臨時列車としての直通運転も次第に少なくなり、１９７０年（昭和45年）までに全車が廃車されたが、このうち63号車が解体を免れて錦織車庫で保管。後にひらかたパークでの保存展示を経て、現在は寝屋川車庫に保存されている。さらに、２０１１年（平成23年）には寝屋川市のブランド戦略「ワガヤネヤガワ」の一環として、走行不可能だった63号車を走らせようという「びわこ号復活プロジェクト」がスタートした。当初は、募金やふるさと納税制度を活用して８０００万円を集め、自走可能状態に復元することを目標としたが、後に牽引での走行へと目標を変更し、３年かけて足回りや車体の整備を実施。２０１４年11月に、抽選で選ばれた乗客を乗せ、構内入換車に牽引されて寝屋川車庫内を走行した。現在も、毎年秋に開催される「京阪ファミリーレールフェア」などで展示されており、車内に入ることもできる。

余談だが、この天満橋〜浜大津間の直通運転が行われた背景には京阪の切実な事情があった。実は、五条〜三条間の延伸に当たっては、京都市が取得していた同区間の軌道特許を借用する形が採られており、営業開始から20年が過ぎれば京都市は権利取得金を返還して、契約を解除できることになっていた。京都市側では、この契約を解除し市電として運営すべきという意見も出ていたことから、京阪は「大阪と琵琶湖方面を移動する需要に応えるため、この区間の営業が不可欠である」というアピールが必要だった。そのために直通運転の開始を急いだというわけである。このアピールが功を奏して、この契約は継続されることとなり、京阪は京都側のターミナルを三条に据え置くことに成功した。後年に京阪の社長が記した一文には、「連節車の登場で、大阪・大津間の直通運転が可能になり（中略）京阪の同地域における事業場の権益確保に大いに寄与することになったのである。従来、とかく議論の的であった京阪の京都におけるターミナル七条後退論に強烈な一矢を報いたわけである」と評されている。大阪側では大阪市に〝してやられた〟京阪だったが、京都側ではうまく切り抜けることができた。

●急勾配・急カーブを克服せよ！　～回生ブレーキの採用～

先ほど、京津線には全国でもトップクラスの急勾配や急カーブがあると記した。まだ長大トンネルの施工が困難だった大正時代、国鉄は京都からいったん稲荷駅付近まで南下し、そこから東へぐるっと迂回して大津に向かっていた。これに対し、京津電気軌道は三条から蹴上～山科～大谷を経て大津に抜けるルートを、急勾配と急カーブを駆使して建設した。最急勾配は蹴上付近の66・7パーミル（1000メートル進むと66・7メートル上がる計算）で、これはかつて国鉄屈指の難関として知られた碓氷峠と同じきつさである。

1997年（平成9年）に京都市営地下鉄東西線が開業し、あわせてこの最急勾配区間を含む京津三条～御陵間が廃止されたものの、現在も大谷駅付近に61パーミルの勾配が残るなど、依然として山岳路線の一面を併せ持っている。

路線に急勾配があると、その坂道を登るだけのパワーを有した車両が必要になるのは当然だが、鉄道にとってはむしろ下り坂にも気を付けなければならない。車両のブレーキ力が弱かったり利かなくなった場合、制御できずに暴走してしまい、大事故につながるからだ。そこで、京津線の車両には早くから、車輪を押さえつける通常のブレーキに加えて発電ブレーキを装備した。これは、モーターに電気を流さないまま下り坂に進入すると、モーターが発電機の役割を

スプリンクラーが設置された急カーブ区間を走る800系

果たすとともに、その際の抵抗でブレーキにもなるというものである。さらに1933年（昭和8年）に登場した50形ではモーターを複巻式とし、発電された電気を架線に戻す「回生ブレーキ」を日本で初めて採用し、安全性を向上させた。現在では、省エネルギーの観点から広く採用されている回生ブレーキだが、その源流も京阪なのである。

一方、京津線で最も急なカーブは上栄町駅近くにある半径40メートルのもの。西日本の鉄道会社では断トツの1位である。続く2位も同線の大谷～上栄町間で、トンネルを抜けた列車がほぼ直角に曲がり、運転席越しに見ているとそのすごさがよく分かる。京津線は山間を走ることから線形改良工事なども難しく、今も開業時の小さな車両が走っていた規格のまま。急カーブの線路際には、線路と車輪の摩擦を抑えるためのスプリンクラーが設置されている。

●カーブが生んだ「日本初」～空気ばね台車とテレビカー～

ところで、線路にカーブが多いと、ほかにどういうデメリットがあるのだろうか。保線や施設管理の面でも様々なデメリットが考えられるが、営業面に絞ると「乗り心地」と「スピード」の2つが挙げられる。

一直線の線路に比べて、カーブがあれば当然ながら乗り心地は悪くなる。京阪の場合は、カーブが急であることに加えてS字状に連続しているところも多く、乗り心地に大きな影響を与えていた。そこで、京阪では1950年代から乗り心地の改善に取り組み、1956年（昭和31年）に台車の枕ばねをコイルばねから空気ばねに変更したKS50形を試験的に導入。この結果が好評だったことから、翌1957年には1800系のうち1両に空気ばね台車を正式採用し、これが日本での実用化第1号となった。今では当たり前となった空気ばね台車だが、そのルーツは京阪にあったのである。

一方、カーブやその前後ではスピードを落とす必要があり、これが京阪にとっては大きなハンディであった。前述の通り、大阪〜京都間を驚異的な速さで結んだ新京阪線は戦後に阪急の路線となり、京阪の強力なライバルとなってしまった。これに対抗する国鉄も、流線形のモハ52形などを使用した急行電車が大阪〜京都間を34分というスピードで走破。これに対して京阪は、一部区間で用地買収などを経て線形改良を行ったものの、それにも限界があることから、とても太刀打ちできる状況ではなかった。

そこで京阪は〝逆転の発想〟に打って出る。スピードで敵わないのであれば、その移動時間をできるだけ快適に過ごせるようにして、差別化を図ろうと考えたのだ。1927年

（昭和2年）に登場した1550形以降、京阪では急行列車に2人掛けの転換クロスシートを導入しており、日本初の「ロマンスカー」として好評を博していた。これに加え、1953年（昭和28年）に製造が始まった1800系では、折しも前年に大阪でテレビ放送が始まったことからテレビを搭載しての試験が繰り返され、1954年9月から営業運転を開始した。この少し前に京成電鉄でもテレビカーの運転が始まっていたが、京成が15年弱でテレビを撤去した後も京阪では続けられたため、実質的には京阪が〝日本初〟と言えよう。そしていつしか「テレビカー」と言えば京阪特急を表すようになった。実際、「テレビカー」という名称は京阪が商標登録

1800系の車内で行われたテレビの試験放送　1954.4.8

ダブルデッカーを連結して走る3000系。写真は8000系に編入後の姿

している。

こうして登場したテレビカーは、物珍しさもあってたちまち大人気となり、テレビのある車両に乗客が殺到した。特にプロ野球や大相撲中継の際には人だかりができ、試合見たさに降りる駅を乗り過ごす乗客までいたほど。京阪のシェア確保にも大きく貢献した。

当初は白黒だったテレビも、１９７１年（昭和46年）に登場した初代３０００系からはカラーとなり、１９９２年（平成４年）には衛星放送の受信も可能になるなど、時代とともに進化している。晩年には液晶テレビ化や地上波デジタル放送への対応も進められたが、携帯電話の普及などによりテレビカーは役目を終えたとして、２０１３年（平成25年）春をもってその歴史に幕を下ろした。

ちなみに、3000系以降に搭載されたカラーテレビは、電磁波や架線からのノイズをできるだけ避けるためにパンタグラフやモーターがない制御車に設置され、また周囲の磁気シールドを強化した特注品が使用されていた。テレビのメーカーはもちろん京阪沿線に本社がある松下電器産業（現：パナソニック）……だったのだが、車両のリニューアル時に交換された液晶テレビは三菱電機製となっている。

●ほかにもある〝日本初〟

このように、〝日本初〟が数多くある京阪だが、意外と知られていないのが駅の冷房化である。鉄道車両の冷房化は1960年代後半から本格化しており、関西大手私鉄でも1969年（昭和44年）に登場した京阪2400系を皮切りに、通勤車両にも冷房装置が搭載されるようになった。一方で、駅については巨大な開放空間ということもあって冷房化がほとんど進まなかったが、1963年に開業した淀屋橋駅は地下にあることから開業翌年に冷房が導入され、これが鉄道駅としては初のケースになった。隣接する大阪市営地下鉄（現：大阪メトロ）淀屋橋駅は非冷房のままだったことから、京阪側のコンコースで

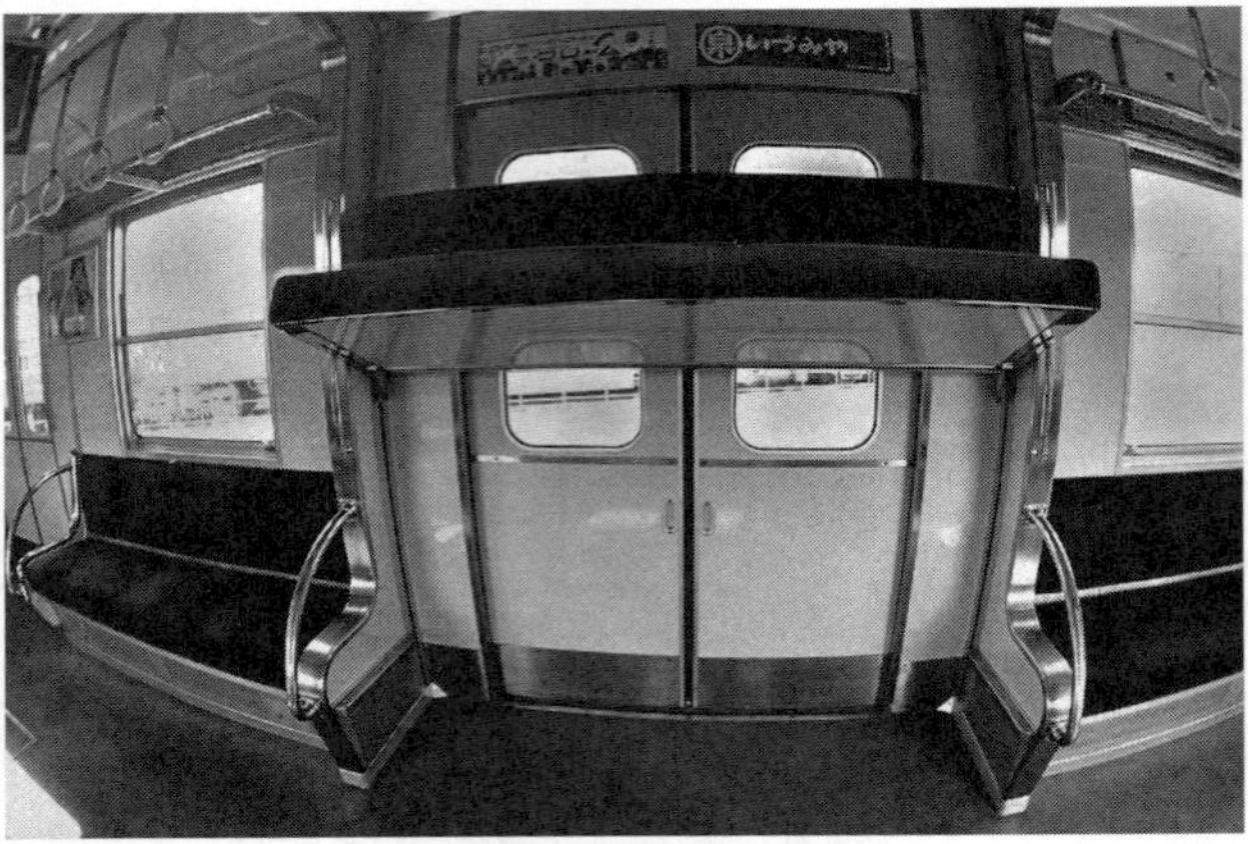

5000系に採用された座席昇降装置

涼む人達が見られたという記録も残されている。

これ以外にも、新京阪線の開業時に天神橋～柴島間で建設された高架橋は、私鉄初かつ関西初のコンクリート製高架橋であるほか、京都側のターミナルとして延伸された西院～京阪京都（現：大宮）間は架線集電式の路線としては日本初の地下線（日本初の地下鉄である東京地下鉄道＝現：東京メトロ銀座線＝は第三軌条集電方式）であるとともに、関西では初の〝地下鉄〟として開業した。車両面でも、旧3000系に導入された空気圧式の自動座席転換装置（世界初）や、5000系の座席昇降装置（日本初）など、その技術力とアイデアを駆使してオリジナリティあふれる車両を次々と生み出している。
また、一風変わったところでは、食料品店に「スーパーマーケット」という名称を日本で初めて使用したり、心斎橋や京都の百貨店内に旅客案内所を開設（関西私鉄初）している。これらの〝初〟はすべて、様々な困難を不屈のチャレンジ精神で乗り越えた証なのだ。

和歌山・奈良……京阪ネットワークの拡充

●京阪は一時期、電力会社だった

話を少し巻き戻そう。

京阪は、天満橋～五条間を開業させた翌年の1911年（明治44年）に電灯事業を開始するなど、創業初期から電力供給事業へと本格参入した。当時はまだ電力網などというものが存在せず、電車を走らせるには自社で発電するなどして電気を確保する必要があったため、京阪も発電所を自前で建設した。一方、発電設備や送電技術の向上、電灯をはじめとする電気機器の量産による価格低下などにより、工場や企業、一般家庭にも急速に電気が普及し始めており、電力供給事業は将来有望な分野とみられていた。そこで京阪では、先に電気鉄道を開業させた阪神や箕面《みのお》有馬電気軌道（現：阪急）に続く形で参入したのである。

京阪の電力供給事業は、まず森小路〜香里（現：香里園）間の沿線で開始。その後も淀川左岸（川の流れる方向を向いて左側が左岸である）沿いにエリアを広げ、2年後の1913年（大正2年）には京都府下にいたるまで、沿線を広くカバーした。電力供給によって利益を得るとともに沿線の価値を向上させ、居住人口が増えることで乗客アップにもつながるという、鉄道会社にとっては一石二鳥ともいえる理想的な形である。

だが、ここから先の展開は他社とは一線を画すものだった。同年、財政難に陥っていた摂津《せっつ》電気を買収して淀川右岸にも進出すると、1919年（大正8年）には安威《あい》川水力電気も買収し、後に新京阪線が建設されることになる地域も営業エリアに収めるなど、沿線外へも積極的に事業展開を図ったのだ。

この施策は大当たりとなり、初年度に4800円ほどだった電力事業収入は、翌年に6万7000円、摂津電気を買収後の1913年度は18万5000円と、うなぎ上りに増え、1920年度には143万円を記録する。さらに、1922年には京阪の電力事業よりも売上高の大きかった和歌山水力電気を合併し、和歌山県にまでエリアを広げた。最盛期の１９２９年度には、鉄道事業収入の７７２万円に対し電力事業収入は７８８万円と、ついに逆転。鉄道事業を支えるどころか、この頃の京阪は電力会社だったという見方もできるほど好調だった。

だが、これをピークに京阪の電力事業は縮小の一途をたどってゆく。原因の一つは京阪の財政状況で、こうした積極策や新京阪鉄道の建設によって借入金が膨れ上がり、利子の支払いが経営を圧迫していた。さらに、昭和恐慌による不況も影響して追加の融資を受けることが困難になったため、窮余の策として一番の稼ぎ頭であった和歌山エリアの事業を譲渡する方針を固めたのである。これに対し、和歌山エリアの株主は猛反発。彼らが譲渡契約に反対する声明を出すと、賛成派・反対派に住民、市議会まで巻き込んだ大騒動へと発展し、ついには「伏魔殿京阪をぶっ倒せ！」と書かれた怪文書まで飛び交う事態となった。結局、１９３０年（昭和5年）に和歌山支店を三重合同電気に売却し、京阪は同エリアの全事業から撤退したが、この時の売却額は資産評価額を2割ほど上回るもので、経営立て直しの一助となった。ちなみに、当時の三重合同電気の社長は京阪の社長と同一人物であったことから、交渉がスムーズに運んだ反面、さまざまな憶測が混乱を招いたという話もある。

さらに、1930年代後半になると電力事業を国が管理する動きが出てきた。1941年（昭和16年）、国は関西地区で電力事業を手掛けていた14事業者に対し、関西配電（現在の関西電力）を設立して事業を統合するよう命令。同じく電力事業を手掛けていた鉄道会社と同様、京阪も関西配電に現物出資という形で参画し、同時に事業撤退を余儀なくされた。関西配電への出資比率は、五大電力会社の一つだった宇治川電気と、大阪市内の電力事業を直営で行っていた大阪市がずば抜けて高く、京阪の出資比率はわずか4パーセント弱と、完全に〝外様〟扱いであった。

かくして、一時期経営の柱となっていた電力事業は終焉の時を迎えたのである。

●和歌山でも鉄道事業を展開

電力事業と並行して、京阪は和歌山エリアでの鉄道事業も手掛けるようになる。もともと和歌山水力電気は和歌山市内から海南市にいたる路面電車を運営していたのに加えて、橋本から九度山を経由して高野山へいたる路線の敷設免許も持っており、これらをすべて引き継いだ。このうち前者は電力事業とともに三重合同電気へと譲渡された後、同社の合

JR阪和線はかつて京阪が参画した阪和電気鉄道が敷設した路線

併によって東邦電力へ、さらに阪和電気鉄道と和歌山市が共同で設立した和歌山電気軌道へと、経営母体が目まぐるしく変わった。最終的には南海和歌山軌道線となり、１９７１年（昭和46年）に全線が廃止されている。また、後者については大阪～橋本間の建設を進めていた南海の要請で、その免許を高野山電気鉄道に譲渡。現在は南海高野線の一部となっている。

さて、ここで阪和電気鉄道の名前が出てきたが、実はこの設立にも京阪は関係している。文字通り大阪と和歌山を結ぶ同社は、先行して営業している南海に対抗すると同時に、国が建設を始めていた紀勢線への乗り入れも想定。ここに、和歌山エリアでの事業拡大をもくろむ京阪が参画したというわけだ。設立に当たって出資の一部を引き受けたほか、京阪の社長が経営陣に加わったものの、肝心の京阪自身が和歌山エリアから撤退したことなどから、後に出資を引き揚げている。驚異的なスピードを武器に、南海と熾烈な競争を繰り広げた阪和電気鉄道だったが、国の主導により南海と合併。南海山手線となった後、1944年（昭和19年）に国営化されて、現在はJR阪和線となっている。

●奈良電を巡る近鉄との争い

和歌山エリアや阪和電気鉄道への出資は、京阪自身の路線と直接的な関係は薄いものだったのに対し、奈良電気鉄道（以下「奈良電」）への出資は深い関わりをもつものとなった。同社は京阪宇治駅と大阪電気軌道（現在の近鉄、以下「大軌」）の西大寺駅を結ぶ計画で1925年（大正14年）に設立されたが、設立時点ですでに京阪は宇治線と奈良電の乗り入れについて協議を行い、20パーセント以上の出資を引き受けるとともに、京阪の社長が監査役に就任した。

この乗り入れは、奈良電の路線計画が宇治～西大寺から京都～丹波橋～西大寺へと変更されたため実現しなかったが、この変更は一方で京阪にとっても大きなメリットのあるものだった。というのも、丹波橋から奈良電に乗り入れることで、京阪は三条に加えて京都もターミナルとして活用することができるからである。交渉は長期にわたったが、1943年（昭和18年）に協定を締結し、資材がない戦時下の工事を経て、終戦後の1945年（昭和20年）12月に完成。大阪方面からの京阪の列車は京都駅へ、西大寺方面からの奈良電の列車は三条駅へ、それぞれ相互乗り入れを開始した。ちなみに、工事に当たっては奈良電の堀内駅を廃止して京阪丹波橋駅に統合し、ここで出た資材を活用したほか、当時は同一会社線だった阪急嵐山線からもポイントなどを転用したと言われている。

これに対し、京阪と同じく奈良電の設立当初から深く関わっていた大軌は、その後の奈良電の延伸計画が大軌の路線と競合することなどに不満を見せ、資金や役員を引き揚げた。資金繰りの苦しくなった奈良電は、京阪に債務保証を求めるなど依存を強め、相互乗り入れなどもあって両者の関係は強固なものとなっていった。

風向きが変わったのは戦後のことである。奈良電は、大都市・大阪への路線を持たないことや国鉄奈良線のディーゼル列車化によるサービス向上などの影響を受け、次第に経営が悪化していた。そこで、大株主である京阪と近鉄に助けを求めたが、この頃、京阪は淀屋橋への延伸工事に全力を注いでいたため、資金面で余裕がなかった。一方、自社路線を

京阪本線（左）とJR奈良線（右）の間に設けられた連絡改札

京都に延ばしたかった近鉄にとって、奈良電のピンチは絶好のチャンスであり、同社を買収するべく株式の取得に乗り出した。京都への足掛かりという意味では京阪も同じなのだが、すでに相互乗り入れを行っていたこともあって、京阪社内では「まさか奈良電が京阪をないがしろにするわけはない」と危機感が薄く、役員を送り込む程度の支援にとどまっていた。

近鉄の動きが明るみになったのは１９６０年（昭和35年）のこと。あわてた京阪は奈良電合併の検討を始めるが、時すでに遅しだった。翌年末には、京阪が保有している奈良電の株式を全て近鉄に売却することや、相互乗り入れは継続することなどを盛り込んだ合意が成立する。奈良電が近鉄京都線となった後も、合意に従って相互乗り入れは行われていたが、同線の架線電圧が昇圧されるなど継続が難しくなったため、１９６７年（昭和42年）に堀内駅を近鉄丹波橋駅として復活させ、翌年に相互乗り入れは終了。京阪の京都側ターミナルは、再び三条のみに戻った。

なお、２０１１年（平成23年）には、京阪東福寺駅と隣接するＪＲ東福寺駅との間に連絡改札が完成し、それまで改札を出て大回りが必要だった両社の乗り換えが便利になった。京阪が再び京都駅に乗り入れるという夢は叶いそうにないが、これによって京都駅へのアクセスは若干改善されたと言える。

京阪を守るはずの路線がライバルに!?　～新京阪鉄道～

●淀川右岸への鉄道建設

鉄道ファンの間で、京阪は「不運の会社」と表現されることがある。大阪側ターミナルの話しかり、奈良電の話しかり、時代や他社の動きに翻弄されたエピソードが多いからだろう。そしてそのなかで最も有名なのが、子会社である新京阪鉄道（以下「新京阪」）の歩んだ道だ。

淀川左岸に沿う形で路線を建設した京阪だったが、その開業直後から川を隔てた右岸にも鉄道を建設する計画が幾度となく持ち上がった。もしこの路線が開業すれば、京阪の経営にも大きな影響を与えることから、京阪はその防衛策としてみずから右岸にも進出する方針を決定した。この時の計画は、本線の野江から北へ分岐して淀川を渡り、吹田〜高槻を経て大山崎で再び淀川を越え、本線の淀に合流するというもので、これが認可された後で淀から四条大宮方面へ延長の申請を行う手筈となっていた。これは、本線建設の時と同様、当初から大阪〜京都間を申請すれば国鉄との競合路線とみなされて却下される恐れがあったからである。

この計画と並行して、京阪は他社との連携も模索した。この中で目を付けたのは、京阪とほぼ同じ十三《じゅうそう》〜吹田〜高槻〜大山崎〜四条大宮のルートを計画していた阪京電気軌道である。同社は政治家とのパイプも太く、認可される可能性が高いと踏んだ京阪は、その計画に参画することで話をまとめる。ここに、十三〜千里山間の鉄道建設を進めていた北大阪電気鉄道も合流させる勧告が鉄道院からもたらされたが、この交渉はいったん不調に終わった。

1919年（大正8年）、京阪に対して淀川右岸線の特許が下り、他社の出願は却下された。背景には、京阪が既に淀川右岸で電力事業を行っていたことや、もしこの路線が他社によって経営されれば、京阪本線の運営に大きな影響を与えることが考慮されたという。同時に、この特許には「野江から本線に乗り入れて天満橋へ向かうのではなく、大阪側のターミナルを別に設けること」という条件が課せられていた。大阪側の混雑を緩和し、京阪間の移動をスムーズにできるようにという意味合いで、京阪は大阪側のターミナルをどこに設けるかで頭を悩ませることになる。

最初に京阪が考えたのは、先述した国鉄城東線の旧線利用である。淀川右岸線を吹田から桜ノ宮の旧線跡地まで南下させ、ここで野江からの本線と合流して梅田を目指すというもので、京阪にとっても理想的な形だった。途中、計画を知らされていなかった大阪市から例のごとく横槍が入ったものの、おおむね当初案の通りとすることで話はまとまった。だが、肝心の城東線高架化が進展しなかったため、この案は断念することとなる。

ターミナル選定が振り出しに戻った京阪は、再び北大阪電鉄に注目する。同社は十三～千里山以外にも、淡路～天神橋（現：天神橋筋六丁目）の免許も持っていたが、資金難から工事のめどがつかない状態だった。そこで、同社を買収することでこれらを手中に収め、大阪側のターミナルとして確保しようと考えたのである。1922年（大正11年）に北大阪電鉄を子会社化すると、同年には淀川右岸線を運営する子会社として新京阪を設立し、翌年に北大阪電鉄の鉄道事業を新京阪に移管した。

●工事は順調、しかし経営は火の車……

新京阪では、旧・北大阪電鉄の路線を運営するとともに、さっそく淀川右岸線の建設に取り掛かった。この時に重要視されたのは、京阪間を最短距離で結ぶということである。理由は言うまでもなく、〝カーブ式会社〟と言われるほどカーブが多く、スピードアップの困難な京阪本線を教訓とし、高速運転ができるようにしたいというもの。軌道特許から鉄道免許へ変更するとともに、線路や地上設備も高速運転に対応した高規格なものとされた。

1924年（大正13年）に天神橋〜淡路間の工事が認可されるとさっそく工事に着手し、翌年10月に開業。続いて京都方面へも相次いで着工し、1927年（昭和2年）には淡路〜高槻町（現：高槻市）間が開業し、翌年には計画されていた天神橋〜西院《さいいん》間が全通した。さらに、そこから先は地下に潜る形で建設が認可され、1931年（昭和6年）に京阪京都駅（現：大宮駅）までの間が、関西初の地下鉄道として開業している。

だが、建設工事が順調に進んだのに対し、新京阪の経営は火の車だった。高規格路線としたことで建設費が跳ね上がったのに加え、住宅密集地とは無関係にルートを決定したため、運賃収入が支出に追いついていなかった。借金が雪だるま式に増えるなか、その債務を保証していた京阪にも負担がおよび、この影響もあって和歌山エリアでの事業を手放すことになったのは前述の通りである。その後も財務状況の悪化に歯止めがかからず、ついに新京阪は新規の資金調達ができない状態となったため、1930年（昭和5年）に京阪が吸収合併。京阪でも徹底した経営改善と債務整理の実行が続き、経費削減策として「社内書類で機密文書に当たらないものは封筒を使用しないこと」「不要となった書類はメモに再利用すること」といった指示まで出されていた。

●阪神急行電鉄との合併

様々な再建策は政府の低金利政策にも支えられ、比較的順調に進行。1932年（昭和7年）以来無配となっていた株式配当も1935年には復活し、ようやく一息ついたという状態になった。2年後には運賃の値下げやダイヤ改正などで利便性を向上させ、さらに新京阪線では十三駅で神戸からの阪急線列車と接続させたが、この背景には東海道本線の電化による乗客の減少がある。新京阪の製造したデイ100形電車が、天神橋〜京阪京都間を「超特急」としてノンストップで結び、途中で特急「燕」を追い抜いたという逸話も先に記した通りだ。

1940年代に入り、戦争の影響が大きくなると、国の主導によって各地で鉄道会社の合併が進められた。東京では、東急電鉄と京浜電気鉄道、小田急電鉄、京王電気軌道などが合併した、いわゆる「大東急」が有名である。一方、関西ではそれ以前から鉄道各社による自主的な交通調整として合併や連携が進んでいたため、国もしばらくは情勢を見守っていた。だが1942年（昭和17年）になると関西急行鉄道（現：近鉄）と大阪鉄道（現在の近鉄南大阪線系統）に続き、京阪と阪神急行電鉄（現在の阪急電鉄、以下「阪急」）に対しても合併の勧告を行い、もはや避けられない情勢となった。阪急を存続会社として京阪は解散することになったが、京阪側の希望であくまでも対等合併という形に落ち着き、翌1943年に京阪神急行電鉄が誕生した。

ところで、合併に先立って計画された〃鉄道各社による自主的な交通調整〃の一つが、新京阪線列車の阪急乗り入れである。これは、京阪の車両が阪急梅田まで乗り入れるという片乗り入れで、これによって京阪間の輸送がスムーズになること、新京阪線の沿線に急増していた軍需工場への通勤が容易となること、などがメリットとして挙げられているが、他に「合併しなくても自主的な連携でうまくやっていける」というＰＲも兼ねていたと言われている。結果的には、この施策が申請された数カ月後に合併勧告がなされ、申請が認可されたのはさらに１年後、合併の６日前だった。直流１５００ボルトの京阪車両が直流６００ボルトの阪急宝塚線に乗り入れるための対応工事、新淀川橋梁の補強工事などを行い、実際に乗り入れが始まったのは７カ月後の１９４４年４月である。しかし、この乗り入れはトラブルも多く、１年後に起こった事故の影響で戦後の１９４８年まで途絶えてしまう。

●前代未聞の〝領主替え〟

１９４５年（昭和20年）８月に終戦を迎え、各地の鉄道会社は急増する利用者を運ぶため、懸命に列車を走らせ続けた。戦時供出で様々な部品が欠乏しており、また修理もままならない状態だったが、復興が進むにつれて少しずつ資材が出回るようになり、翌１９４６年からは阪急でも車両の新造ができるまでになった。

そんななか、戦時合併を行った鉄道会社が分離し、元に戻ろうという動きが各地で起こるようになった。関西でも１９４７年に近鉄と南海が分離すると、旧・京阪出身者の間でも独立の機運が高まった。この背景には、神戸線や宝塚線の沿線に占領軍の施設があったことも一因であるにせよ、両線に比べて旧・京阪線の復旧が遅れていることに対する不満もあったようである。もともと、営業エリアをはじめ培ってきた企業文化などの違いは大きく、半ば国からの押し付けによって合併させられた側としては、そうした動きが出てくるのはある意味当然のことだった。

様々な議論を経て、１９４９年（昭和24年）９月３日には新・京阪電気鉄道を設立し、京阪線と大津線を分離することが取締役会で決定された。以降、国への申請など各種手続きや、労働組合での承認、株式発行の準備などが一気に進み、11月25日には設立総会を開催、12月１日に新・京阪がスタートを切ったのである。

そして、この分離に当たって最も焦点となったのが、新京阪線の扱いだった。京阪側は当然ながら、分離後は自らが運営することを希望したが、阪急側も「国鉄との競争に打ち勝つためにも、淀川を境として神戸線・宝塚線と新京阪線を一体的に運営することが必要だ」と譲らなかった。新京阪線が宝塚線に乗り入れを行っていたこと、京阪本線とは線路

阪急千里線となり延伸された新京阪線。デイ100形も元・新京阪の車両

のつながりがなかったことも、京阪にとっては不利だった。最終的には役員数で有利だった阪急側に押し切られる形で、新京阪線は阪急側の京阪神急行電鉄に残ることとなったのである。

かくして、京阪本線を守るために建設したはずの新京阪線が、ライバル路線へと〝豹変〟してしまった。京阪にとってはまさに痛恨事であり、もし京阪にとどまっていたならば現在の関西鉄道地図も大きく変わっていたかもしれない。

目指すはワンランク上のサービス　～京阪特急の2つの目玉～

●前代未聞！　車両を2階建てに改造

新京阪線がライバル路線となってしまった京阪は、スピードよりも快適な移動空間を提供することで差別化を図ろうとした。その表れがテレビカーであり、また転換クロスシートであった。たとえば1900系のデビュー時には、ロングシート車のみだった阪急京都線から乗客を奪い、あわてた阪急が転換クロスシートの2800系を投入するなど、他社にも大きな影響を与えている。また、当初からクーラーを搭載していた3000系は、スピード面で勝る国鉄や阪急と互角の戦いを見せた。

1989年（平成元年）に導入された8000系も、その豪華さ・快適さからやはり大人気となった。これを受けて京阪では、当初1編成のみの予定だった8000系を増備し、3000系を全て置き換えることにしたが、最終的には予備車に余裕を持たせる目的から3000系も1編成が残った。この1編成は、8000系に見劣りしないようリニューアル工事を行うことになり、同時に編成のうち1両が「小旅行に楽しさを」という触れ込みで、ダブルデッカー（2階建て車両）へと生まれ変わった。

この改造は寝屋川工場で施工された。手順としては、2階建てとなる部分の側板や床板、屋根などを全て撤去し、新たに作り直すというもの。これまで京阪では、2600系の新製（実質的には2000系からの改造工事）などの実績はあったものの、既存車体をダブルデッカーに作り替えるような大工事は、同社はおろか全国でも例がなく、車両メーカーである川崎重工のアドバイスを得ながら進められた。

1階部分の床や側面になるバスタブ状の部材は、外部で作ったものを台枠中央部に溶接しているが、この部材は厚さ9ミリもある鋼板とされ、踏切等で自動車が衝突しても乗客を守れる構造になっている。なお、2階建て部分は実物大のモックアップを製作して工場内で走らせ、ホームなどの構造物に接触しないかチェックが行われた。これまで床下に搭載されていた機器は、階段下などに設けられた機器室に分散して配置されているが、このスペースは非常に狭く、ミリ単位で位置を調整したという。らせん状の階段やロングシート構造の座席配置も開発段階で検討されたが、最終的に階段は直線状とされ、座席も集団離反式（中央を境に車端部を向いて固定）のクロスシートとなった。この座席はノルウェー製で、天井が低いことによる圧迫感を和らげるため背もたれ部分を低くし、さらに

8000系の4号車に連結されたダブルデッカー

車体下部がすぼまる1階部分は2列＋1列の配置として、通路幅を確保した。塗装は従来と同じ特急色だが、乗客がホームに立つと目線がちょうど窓ではなく2階床のある側板部分となることから、ここに京都三大祭りの一つ、「時代祭」の行列をイラストで描き、アクセントとしている。

1995年（平成7年）のクリスマスから営業を開始したダブルデッカーは、全国的にも珍しい「運賃のみで乗車できる2階建て車両」として、たちまち大人気となった。「2階建て車両はいつ来るのか」といった問い合わせが殺到したほか、特急の停車駅ではダブルデッカーが来るまで待つ人の姿も見られた。これを受けて京阪は、ちょうど8両編成化を検討していた

8000系にもダブルデッカーを連結することを決定。基本構造は3000系のダブルデッカーを踏襲しているが、8000系は3000系より2階建て部分を大きくできたため、一部を除いて転換クロスシートが設置可能となったほか、1階部分も2列＋2列の座席配置とされた。

2013年（平成25年）の廃車後、3000系のダブルデッカーは富山地方鉄道へ譲渡され、「ダブルデッカーエキスプレス」として活躍。北陸3県では初めての2階建て車両として、ここでも人気を集めている。

●京阪初となった座席指定列車の誕生

そして2017年（平成29年）、京阪特急の歴史に新たな1ページが加わった。同社初の有料座席指定車両「プレミアムカー」の登場である。導入の背景には、脈々と受け継がれてきた〝移動時間の長さを感じさせないための工夫〟として、ワンランク上の移動空間を提供すること、そして乗客からの「お金を払ってでも座りたい」という声があった。かつて京橋～七条間をノンストップで走っていた京阪特急は、1990年代後半から徐々に停車駅が増やされていたが、これら途中駅からは座れないことが次第に多くなっていた。

プレミアムカーに改造された8000系６号車

また、沿線には世界的に有名な観光地が点在しており、もともと観光客が多かったところに近年は外国人観光客が急増したことも、誕生のきっかけになった。

プレミアムカー導入の検討は、デビューの3年以上前から始まった。そもそも京阪にはこれまで有料座席指定車両というものがなく、制度面や料金設定、予約システムの開発など、すべてがゼロからのスタートとなる。それぞれの列車に付ける番号を通し番号にするのか社内で使っている列車番号にするのか、10分間隔で運行される時間帯もあることから列車が遅れた場合の取り扱いをどうするか、など検討事項は山積みだった。担当者は、同様の列車を走らせている鉄道会社を何度も訪れ、参考にしたという。

新・3000系に連結されるプレミアムカーのイメージイラスト

予約システムは駅窓口に加えてインターネットからも可能となり、その場合は2回まで無料で変更できるため、「駅に少し早く着いたから、1本前の列車に乗ろう」といったことも簡単にできる。実際に空席状況を見ていると、特に休日は発車の1時間前までガラガラだったのが、30分ほど前から徐々に埋まりだし、1本前の列車が出発する頃にはほぼ満席、といったパターンが多い。また、始発駅からの乗客は意外と少なく、それよりも上り列車（出町柳行き）は京橋、下り列車（淀屋橋行き）は中書島や樟葉などの、途中駅からの乗客が多い。ワンコイン以下で途中駅からも着席が保証され、さらに快適な車内で移動できる「プレミアムカー」は、まさに〝救いの神〟と言えるかもしれない。

平均乗車率は約7割、休日は約8割と、デビューから1年以上たった今でもプレミアムカーの人気は衰えを知らない。これを受けて、京阪は2018年5月に発表したグループ長期戦略構想で「プレミアムサービスの拡大」を盛り込んでおり、同年11月には新・3000系へのプレミアムカー連結を発表した。両開き片側1扉の専用車両を新造する形で、改造車であるが故の窓割の不一致なども解消される予定だ。京阪特急の新たなシンボルとして、プレミアムカーは今後ますますその存在感を増すことだろう。

こうして振り返ると、京阪が歩んできた道は決して平坦なものではなく、むしろ試練の連続だったことが分かるだろう。時流や他者からの攻勢を受けながらも、時にはそれを逆手にとり、不屈のチャレンジ精神と高い技術力でカバーしてきた結果が、今の京阪なのだ。この先、どんなアイデアやサービスを我々に見せてくれるのか、期待は尽きない。

コラム

「おけいはん」はこうして生まれた！

「京阪のる人、おけいはん。」……京阪沿線住民でなくとも、耳にしたことのある方は多いのではなかろうか。

1989年（平成元年）の鴨東線開業以降、京阪では有名タレントをイメージキャラクターに起用して広告宣伝活動を行ってきた。渡辺満里奈さんや伊武雅刀さんなどが就任し、おおむね2年ごとに交代していたが、2000年（平成12年）末にはそれまでと違う新たな試みとして、京阪ユーザーをイメージしたキャラクター「おけいはん」を設定。彼女が京阪を利用しながら、沿線の魅力などに触れるというスタイルに変化した。

初代おけいはんには水野麗奈さんが就任し、「淀屋けい子」という名前で登場。苗字の由来は、説明するまでもなく始発駅から来ている。京阪沿線にある某企業のOLで趣味は京阪沿線を巡ること、父（橋の助）・母（京子）・妹（みや子）の4人家族という設定もあり、友人と鴨川の川床を楽しんだり、伏見で利き酒をしたりと、さまざまなシチュエーションが展開された。

この企画は大当たりし、冒頭のフレーズがちょっとした流行語となるほどの人気となったことから、以降もこのスタイルが定着。3年後には淀屋けい子の〝転勤〟に伴って2代目として京橋けい子（中学校の教師）が登場し、以下3年ごとに森小路けい子（鴨リバー学園に通う音大生）、楠葉けい子（京都の大学に通う学生、駅名の「樟葉」とは漢字が違う）とバトンタッチしてきた。

5代目からは一般公募という形が採られ、約１８００人の中から中之島けい子が誕生した。２０１８年11月には、6代目「出町柳けい子」に代わる7代目として、京都・東山の小さな旅館で育った「三条けい子」による新シリーズがスタート。沿線の新たな魅力を発信してくれることだろう。

7代目おけいはんの"就任"を知らせるポスター

なお、この「おけいはん」という単語は関西ですっかり定着したため、現在はグループ会社が発行するハウスカードのポイントサービスなどでも使われている。

つなげると1つの曲に！
あのミュージシャンが作曲した駅メロディ

近年、列車の到着や発車時にメロディを流す駅が増えてきた。ベルやブザーなどの無機質な印象をなくすとともに、各駅にちなんだものを採用することで駅や鉄道に親しみを持ってもらおうという狙いもある。

京阪では、１９７１年（昭和46年）に淀屋橋駅で導入され、後に三条や出町柳でも使われるようになったが、２００７年（平成19年）に新しい運行管理システムを導入するタイミングで一新することになり、その作曲を大の鉄道ファンでもあるミュージシャンの向谷実さんに依頼した。

京阪の要望は、特急用とそれ以外の種別用、さらに上りと下りの合計4パターンを作ってほしいというもので、これを受けて向谷さんは各駅のメロディを変えつつ、すべてをつなげると1つの曲になるという構成を思いつく。例えば、上り特急用の曲「ＭＩＹＡＢＩ」は8つのフレーズからなり、箏《そう》や篠笛《しのぶえ》、鼓《つづみ》など和楽器の音色を取り入れることで京都へ向かう雰囲気を演出。また、一般用のメロディは3拍子のワルツとして、かろやかなリズムで気持ちよく列車に乗ってもらいたいという思いが込められている。京阪電車に乗る時

かつて販売されたCD。各駅のメロディをつなげたバージョンも収録

は、乗り心地や車窓とともに、ぜひ発車メロディにも耳を傾けていただきたい。

ちなみに、一つの曲を構成していることから各駅のフレーズはほぼ同じ長さに揃っているが、これは運行管理システムの仕様から「1フレーズあたり8秒以内におさめてほしい」という京阪側の要求もうまくクリアしている。

〝走る博物館〟京阪ミュージアムトレイン

2010年（平成22年）、京阪線の開業100周年に合わせた記念行事の一環として「京阪ミュージアムトレイン」が登場した。2600系5両編成を改造したもので、外観は日本初の〝ロマンスカー〟1550形をイメージしたモスグリーン1色とされ、側面には当時の車両にも書かれていた文字が再現されている。室内に展示物を設置する関係で、客室窓は目隠しがなされたが、単に塗りつぶすのではなく、乗客の姿などを描いたラッピングフィルムが貼られた。

車内は座席などを撤去し、京阪の歴史を表す年表や、各駅の写真をパネルで紹介。これまでに活躍した車両たちの模型に加え、「テレビカー」の切り抜き文字が取り付けられた外板や特急車両のクロスシート、各種ヘッドマーク類、これまでに製作された京阪電車グッズなどが展示された。さらに、中間車にあった運転台は来場者が自由に操作できるように整備され、鉄道車両を活用したミュージアムならではのコンテンツへと〝変身〟した。

「京阪ミュージアムトレイン」は、7月10日から中之島駅で展示されたのを皮切りに、枚方市駅や中之島駅などでも展示。子どもから大人まで楽しめる内容で、時には入場制限が行われるほどの人気となった。また、「ミュージアムトレイン」という名にふさわしく、展示に際しては毎日寝屋川車庫から自走によって回送されており、駅での展示はもちろん、この回送シーンを撮影しようと、沿線には多くのファンが詰めかけた。

10月には、寝屋川工場で毎年開催されている「京阪ファミリーレールフェア」で展示され、これを締めくくりとして引退。わずか3カ月間の活躍だったが、全国的にも珍しい取り組みとして、大いに注目を集めたイベントとなった。役目を終えた車両は解体され、その窓ガラスなどは翌年以降のイベントで販売されて、京阪ファンの元へと旅立っていった。

枚方市駅で展示中の「京阪ミュージアムトレイン」（撮影：藤原 進）

「京阪ミュージアムトレイン」の車内

寝屋川工場で公開された「京阪ミュージアムトレイン」

第2章

これが〝技術の京阪〟の真骨頂 匠が生んだ名車両たち

京阪では現在、本線系統と大津線系統、それと男山ケーブル（八幡市〜男山山上）で合計17形式の車両が活躍している。ここでは、その中でも特徴的な車両、京阪を語る上で外せない車両をいくつかピックアップして紹介しよう。

8000系 〜京阪のフラッグシップ車両

●鴨東線の開業に合わせて登場

1951年（昭和26年）に登場した1700系から数えて、6代目に当たる特急用車両が8000系だ。京阪では1989年（平成元年）に鴨東線の三条〜出町柳間を開業させたが、これに伴って特急も運行区間が拡大されたことから、不足する車両を補うために7両1編成が同年デビューした。さらに、当時の特急は5代目の3000系がその任に当たっていたものの、7両編成と6両編成が混在しており、輸送力のばらつきや運用の制限があった。そこで、同線の開業に合わせて7両編成に統一することになり、不足する中間車も8000系として製造された。つまり第1陣として製造されたのは合計12両である。

車両デザインは京阪特急の伝統を受け継ぐ片開き2扉で、塗装も赤と黄色のツートン。同じく鴨東線開業に伴って製造された7000系が当時最先端のVVVFインバータ制御方式を採用したのに対し、8000系は3000系と性能を揃えるため、界磁位相制御方式のままである。定速度制御装置も引き続き搭載された一方、京阪初の試みとしてワンハンドルマスコンが採用され、運転操作は大きく変わった。ちなみに、8000系より後に製造された京阪車両はマスコンとブレーキの双方を横軸としたツーハンドル式が採用されており、ワンハンドル式は現在も当系列のみとなっている。

前面デザインは7000系に似たブラックフェイスで、おでこの部分などに共通点が見られるが、非常用の貫通扉は中央部に戻されるなど、3000系と7000系の〞いいとこどり〟のような印象だ。伝統のハトマークは幕式で、特急以外の運用に入る時は巻き取られて無地となる。もちろんテレビカーも組み込まれたが、その連結位置は編成中央の4号車のみとされた。

3000系に混じって活躍をはじめた8000系は、その大きな客室窓や豪華な内装などからたちまち大人気となった。当時はJR西日本が221系を新快速に投入し、大阪～京都間の競争がさらに激しさを増していた頃。新型特急に乗るために3000系の特急を

8000系は現在のフラッグシップトレイン

見送る乗客も出るほどで、その様子を見た経営陣が追加投入を決定したという逸話も残っている。かくして、8000系は4年をかけて全10編成が製造され、一気にスターダムへと上り詰めた。

●3度のリニューアルを経て現在も活躍

ところで、8000系には3度の転機が訪れている。1度目は、全編成が出揃って間もない1997年（平成9年）のこと。1編成のみ残った3000系に組み込まれたダブルデッカー（2階建て車両）が好評だったことから、8000系にもダブルデッカーを導入することになった。折しも、更なる輸送力増強を目指し8連化が検討されていたタイミングだったため、その増備分として既存車からの改造ではなく新造で対応している。８０００系はアルミ製車体となっているのに対し、ダブルデッカーだけは車体強度などの関係で鋼製とされた。

以来、十数年間にわたって不動の人気を誇ってきた８０００系だったが、製造から20年が近づいた２０００年代後半には、インテリア面での陳腐化が目立つようになってきた。さらに、２００８年には優等車両用の新・３０００系も登場したことから、８０００系は大幅なリニューアルを行うことになり、２０１０年（平成22年）から2年かけて、全編成に施工された。「ＥＬＥＧＡＮＴ　ＳＡＬＯＯＮ」という愛称が与えられた本リニューアル最大の特徴は、車端部の転換クロスシートがロングシートに取り替えられた点で、特急停車駅の増加に伴って客扉付近が混雑するようになったことから、スペースを確保するために企図された。反面、一部とはいえ特急用車両にロングシートを設置することには、乗客だけでなく社内からも異論が出たため、このロングシートは〝これまでにはない最高の座り心地〟を目指すことになった。結果、ハイバックタイプのバケットシートが窓の一部を覆う形で設置され、転換クロスシートに勝るとも劣らない、素晴らしい座り心地が実現したのである。

この他にも、客扉上部への情報案内ディスプレイの設置、車いすスペースの確保など、より快適で利用しやすい設備も取り入れられた一方、京阪特急のシンボルとして長年にわたって親しまれた客室のテレビは撤去された。ちなみに、このリニューアルに先立つ2008年からは、新ブランドイメージ戦略に基づく車両の新塗装化が始まったが、これと8000系のリニューアルは別個のプロジェクトで、直接関係があるわけではない。

このリニューアルが完了してから5年後の2017年(平成29年)、3度目の転機となったのは「プレミアムカー」の登場である。京阪初となる有料座席指定車両で、8000系のうち1両(6号車の8550形)を寝屋川工場で改造。片側2カ所だった客扉を1カ所とするなど、構体にも大きく手が加えられた。ただし、アルミ製車体は加工が難しいことから、扉を埋める工事はもともと車両を製造

「プレミアムカー」の扉部分は市松模様のゴールドで雅なイメージを演出

2列＋１列の座席配置となった「プレミアムカー」

した川崎重工によって行われている。座席のピッチを拡大するのに合わせて、側面窓の割り付け変更も検討されたものの、そこまでの改造は非常に困難であることから断念されている。このため、特に扉を埋めた部分は座席と窓の配置が合っておらず、眺望が妨げられてしまっているのは残念だが、日除けのロールカーテンは窓枠と別体のレールを設置することで、座席のピッチに合わせた。ちなみに、座席配置と窓配置については、プレミアムカーのＷｅｂサイトや駅窓口で確認できる。車体色はカーマインレッド単色で、扉部分や窓下の帯をゴールドとしてアクセントを付けたほか、スモークフィルムで細い帯や市松模様を表現することで、広い面積を単色で塗ることによる〝のっぺり感〟を

「プレミアムカー」のカーペットは枯山水の砂紋をイメージ

なくした。

　座席配置は2列＋1列となり、転換リクライニングシートには大型テーブルやフットレスト、電源コンセントも設置されている。隣席との距離が気にならないよう、ヘッドレスト部分が大きくなっていて、プライベート空間を演出。客室にはカーペットが敷かれ、エントランス部分とは大型のガラスパーテーションで仕切られていることもあって、車内はかなり静かだ。このカーペットには、枯山水の砂紋をイメージした模様が描かれており、電球色の足元灯と相まって、特に夜間はよいムードを醸し出している。

　プレミアムカーには専属のアテンダントが乗車しており、ブランケットの貸出しや沿線の案内、車内でのオリジナルグッズ販売などを行う。せっかくなのでドリンク類の販売などがあってもよいと思うが、列車にトイレがないこともあって難しいのだろう。なお、このアテンダント業務は全日空グループの会社に委託されている。

プレミアムカーの改造工事は、2016年秋から2期に分けて実施。これに伴って8000系は1両が減車され、7両編成での運転となった。改造が終了した車両は2017年8月20日の運行開始まで寝屋川車庫に留置されたため、車庫の片隅にプレミアムカーだけが連結されて仮置きされている、という光景を列車からも見られた。運行開始前日の8月19日には、プレミアムカーを元の編成に再び組み込むため、8000系の全編成が夕方までに運用から離脱。予備の一般車両も総動員され、特急としてピンチヒッターを務めた。翌日早朝から出発セレモニーが行われ、華々しくデビューしたプレミアムカーは、ワンコイン以下で着席が保証されるという点も評価され、現在に至るまで高い乗車率をキープしている。

登場から約30年間、京阪のフラッグシップ車両として活躍してきた8000系。その座はまだしばらく揺るがないだろう。

新・3000系　～特急運用に就くクロスシート車

●中之島線開業時に登場

8000系と並ぶ京阪の看板車両が新・3000系（形式名としては「3000系」だが、かつての特急車両・初代3000系と区別するため、ここでは「新」を付けて記述する）である。2008年（平成20年）に、中之島線の開業に合わせて開発された。現在、主に特急車両として活躍する両形式が、いずれも新路線開通をきっかけに登場しており、さらにさかのぼれば1900系も淀屋橋延伸開業と時期を同じくしているのも、なかなか興味深い。

当時の京阪特急は、停車駅の増加に伴って乗客の流動が多くなったことから、扉付近の混雑緩和を目的として片側2扉ではなく3扉で設計された。また、座席は転換クロスを踏襲しつつ、片側を1人掛けとすることで通路幅を確保している。この頃、一部の特急列車は運用の都合で一般車両が使用されており、乗客からは「転換クロスシートで座席数の多い8000系と、ロングシートの一般車両では雲泥の差だ」と不満の声が上がっていた。

独自のカラーリングで存在感が際立つ新・3000系

一方で、通路が狭く収容力で劣る８０００系は、特に朝ラッシュ時には「扉付近が混み過ぎて乗れない」といった声もあったことから、両者のバランスをうまくとった構造と言える。

座席の表地にはスエード調の人工レザーが採用され、その手触りの良さが話題となった。この表地は東レの「エクセーヌ」と呼ばれるもので、鉄道車両の座席に使用されるのはこれが初。衣服のように、タグが座席に付けられているのもユニークだ。色は車体と同じ紺色で、肘掛け部分にアクセントとして入れられたオレンジのラインが、後部の尾灯を思い起こさせる。

京阪では同時期に、ブランドイメージ戦略の一環として車両の塗装変更を行うこととなったが、新・３０００系のカラーリングは特急車両

新・3000系の座席に付けられたタグ。よいアクセントになっている

と一般車両のどちらでもないオリジナルなものとされ、その存在感を際立たせている。随所に取り入れられた円弧のイメージや、黒を効果的に使ったシックなデザインが洗練された印象で、「CONFORT　SALOON」という愛称がぴったりだ。

前面形状は、8000系と同じく非常用貫通扉を中央に置いたスタイルながら、その上部にヘッドライトをまとめ、おでこの部分は丸みを帯びるなど大きく印象が変わった。アルミ製の車体やVVVFインバータ制御の採用は、この前に登場した一般車両と同様である。一方、新たな試みとしてシングルアーム式のパンタグラフが採用された。この方式は軽量化や省スペース化で優位なことから、近年の鉄道車両で多く採用されており、京阪でもこれに倣う形となったが、本線用の車両ではシングルアーム式はこの新・３０００系のみにとどまり、以降に開発された１３０００系では下枠交差型に戻されている。余談だが、京阪では１９７０年頃にフランス製のシングルアーム式パンタグラフを試験的に取り付けたことがあり、路面電車用のZ形パンタグラフを別とすれば、これが日本国内では初めての採用例と言われている。

●活躍の場を本線特急へとシフト

前述の通り、中之島線の開業に合わせてデビューした新・３０００系は、同線から京都方面へ向かう快速急行で主に運用された。快速急行は新たに登場した種別で、本線系統で日中に1時間あたり6往復が運転されていた特急を4往復に減便し、この間に入る形で1時間あたり2往復が設定された。だが、中之島線の利用が低迷したことから快速急行の運転が取り止められると、徐々に本線系統の特急へ活躍の舞台を移すことになる。現在は、８０００系を補完する形で特急運用を受け持つ一方、中之島線ではその姿を見ることがほとんどなくなった。

そんななか、２０１７年（平成29年）には前面のデザインを変更する改造工事が行われ

種別に応じて前面の液晶ディスプレイに列車名やイラストが表示される

た。これは、非常用貫通扉の窓下に表記されていた車両番号と京阪ロゴを左右窓下に移設し、その部分や左右窓部分に大型の液晶ディスプレイを設置するというもの（実際の工事としては、貫通扉を新しいものに交換する形がとられた）。これによって、特急として運行される際には伝統の「ハトマーク」を表示することが可能となった。さらに、液晶ディスプレイという特性を生かして、表示の切り替え時や走行中の一定周期（12分おき）にハトが飛び立つアニメーションが表示され、利用者の目を引いている。ちなみに、この液晶ディスプレイは、京橋～七条間ノンストップの快速特急「洛楽」での運転時にも活用されている。

さらに、８０００系に連結されたプレミアムカーの成功を受けて、新・3000系にもプレミアムカーの連結が決定した。デザインイメージは第1章に掲載したとおりで、8000系プレミアムカーのイメージを残しつつ、青色がベースとなっている。車内がどういった雰囲気になるのかとともに、これによって余剰となる中間車がどうなるのか、今後の展開が気になるところだ。

5000系　～一世を風靡した多扉車の元祖

●ラッシュの混雑を緩和する救世主

京阪の一般車両を紹介するうえで、何をおいても外せないのは5000系だろう。言うまでもなく、その理由は扉配置にある。日本の通勤型車両といえば、国鉄103系電車に代表される20メートル級車両では片側4扉、京阪や阪急などの19メートル級車両では片側3扉が主流だったが、〝殺人的〟とまで言われた朝の通勤ラッシュには対処しきれていなかった。京阪でも沿線の宅地開発が急速に進み、朝ラッシュの混雑への対応が急務とされたため、高加速・高減速が可能な2000系を導入することでダイヤに余裕を持たせ、列

日本初の５扉車としてデビューした当時の5000系

車の増発を図った。これと同時に、扉の数を増やすことで駅での乗降をスムーズにし、停車時間を短くして列車を増発するという考えのもと、５０００系が開発された。

日本初の５扉車である５０００系は、１９７０年（昭和45年）に登場。長さ18メートルの車体に扉（と戸袋）を配置するため、扉間の窓は１枚のみ、片側の車端は窓や座席がないという独特のスタイルとなった。車体の構造も軽量化と強度の確保を兼ねて、２０００系以降で採用されていた普通鋼モノコック構造からアルミ製の箱形構造とされ、それまでの卵型断面から一転して直線的でシンプルな形状になった。

ところで、扉の数が増えるということは座席

ラッシュ用ドアは上半分がシルバー。昼間は閉め切られている

が減るということでもある。ラッシュ時には喜ばれる5扉構造が、逆に日中時間帯は座れないという不満の元になることから、これを避けるために日中は3扉のみ使うこととし、残りの2扉は上部に収納した座席を下ろして着席定員を確保した。この昇降式の座席収納機構は現在にいたるまで日本唯一で、下ろした状態では「扉をふさぐ形で座席がある」という、なんともユニークな姿を見ることができる。座席の昇降作業は基本的に車庫で行われるため、残念ながら目にする機会はほとんどないが、まれに折り返し駅で乗客を降ろした後に行うこともある。なお、日中に締め切られる扉は外側に「ラッシュ用ドア」の表示があるほか、上半分がアルミ無地のまま（他の扉は車体色に塗られている）と

なっていて、判別できるようになっている。

5000系はこうした装置などで重量が増えたにもかかわらず、アルミ製車体とすることで従来車から1両あたり約4トンの軽量化に成功し、高加速・高減速運転と省エネも実現。従来の3扉車両では約60秒かかっていた乗降時間を、約40秒にまで短縮できるとあって、最も混雑が激しい朝の大阪方面行き列車を中心に運用され、ラッシュ時の救世主として大きく貢献した。現在も変わらずその使命を果たす一方で、残念ながらまもなく全車が廃車される予定となっている。というのも、京阪は2020年度を目途に京橋駅でホームドアを整備することとしており、導入後は5扉車が運用できなくなるのだ。すでに一部の編成で廃車が始まっており、日本唯一の車両が見られるのも、あとわずかである。

ちなみに、5扉車という大きな特徴の陰に隠れがちだが、5000系は京阪で初めて電動幕式の行先表示装置や全電気指令式ブレーキ装置を採用するなど、随所に新技術も取り入れられている。

2600系　～登場から半世紀たった今も現役

●2000系の車体や台車などを流用

京阪の一般車両と言えば、丸みを帯びた卵型断面の車両を思い浮かべる人も多いだろう。モノコック構造、あるいは張殻構造と呼ばれるこのスタイルは、車体を建築物のように柱や梁などの部材で支えるのではなく、側板に強度を負担させるというもので、これによって構造の簡素化や軽量化を図ることができる。もともとは飛行機の胴体に使われていた構造だが、車体を軽量化すれば加速が良くなり、省エネにもつながることから、1950年代に鉄道車両でも使われ始めた。京阪でも、この時期に新造する車両でモノコック構造の車体を採用することとなり、1959年（昭和34年）に2000系が登場した。

この2000系は、車体構造以外にも常用回生ブレーキやカルダン駆動方式など、様々な新機軸を採用しており、その加速性能の良さから「スーパーカー」という愛称が付けられた。一方、1970年代後半には輸送力増強のために本線系統の架線電圧を直流600ボルトから直流1500ボルトに昇圧する計画がスタートしたが、2000系は搭載機器

2000系の車体や台車などを流用して誕生した2600系は今も現役で活躍中

が昇圧に対応できないことから、車体や台車、一部の機器を流用した新形式車両を造ることになった。こうして生まれたのが２６００系で、見た目は２０００系の雰囲気を残しつつ、クーラーや前面の幕式行先表示器、スカートの取付けなどで少し印象が変わった。

ところで、２６００系はいくつかのバリエーションが見られる。その一つが先頭車の側面窓配置。乗務員室と反対側の車端部にある窓が、１つか２つかという違いだ。これは、種車となった２０００系のうち、１次車は客窓が幅・天地とも９００ミリの正方形だったのに対し、２次車以降は幅が１００ミリ小さい縦長窓とされたためで、必然的に客扉の位置もずらされた一方、車体の長さは変わらないように車端部で調整したからである。また、同じく先頭車の前面窓が改造時期によって、両方とも固定窓か助士席側が2段窓かという違いも見られるほか、完全な新造車として登場した30番代は前面のライト形状が変更された。さらに、台車は２０００系のものをはじめ他形式から転用されたものもあり、その種類は十数種に及んだ。

　最短２両編成から運用が可能な２６００系は、組み換えが容易なこともあって非常に便利な存在。特に０番代は２０００系時代から数えるといずれも製造から半世紀を超えるものの、いまだに本線でもその健脚ぶりを見せている。だが、さすがに寄る年波には勝てないようで、１３０００系の増備などで徐々に数を減らしており、元気な姿を見られるのはあと数年といったところだろう。ちなみに、製造当初の２６００系は叡山《えいざん》電鉄への乗り入れも考慮されていたが、その機会はどうやらなさそうである。

800系　～地下から路面まで走る万能選手

●最新技術満載で〝日本一高価〟な車両に

　1997年（平成9年）10月、京都市営地下鉄東西線が開通するとともに、その並行区間となる京阪京津線の京津三条～御陵間が廃止された。京津線が路面を走っていた三条通は、京都市内と山科～大津方面を結ぶ数少ないルートであり、朝夕のラッシュ時のみならず日中時間帯も慢性的な渋滞が発生していた。同エリアの公共交通を整備する目的からも、市営地下鉄の整備が進められることとなり、京津線はこれに乗り入れる形で〝発展的解消〟が図られた。とはいえ、御陵から先はあくまでも京都市営地下鉄の路線であるため、たとえば、びわ湖浜大津から祇園四条まで乗車（途中の三条京阪で乗り換え）すると、びわ湖浜大津～御陵間の京阪運賃、御陵～三条京阪までの地下鉄運賃、そして三条～祇園四条までの京阪運賃と、3回も初乗り運賃を徴収されることになった（ただし、地下鉄乗り入れ前から京阪本線系統と大津線系統では運賃体系が異なっており、従前も三条を境に運賃の段差が生じていた）。京津線～東西線の直通利用については乗継割引運賃の適用が行

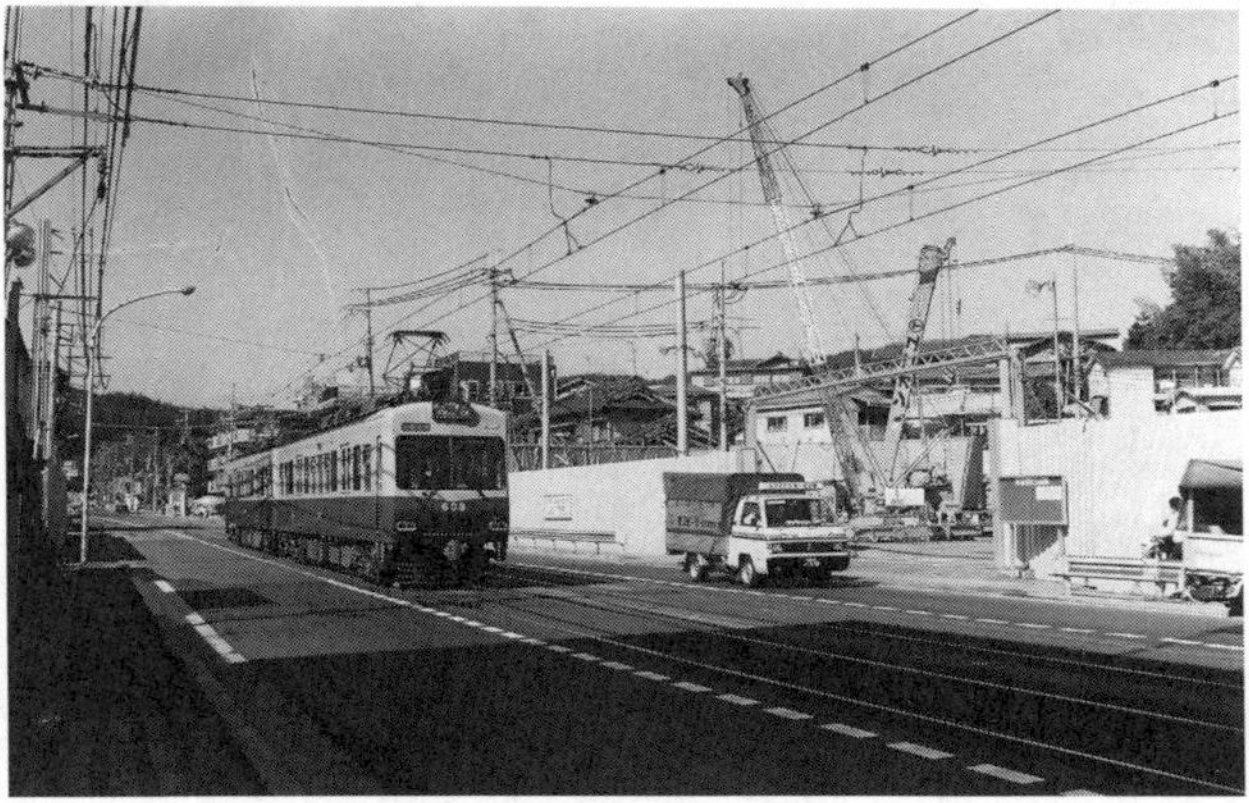

地下鉄工事中の三条通を走る600形電車

上栄町～びわ湖浜大津間の併用軌道を走る800系

びわこ浜大津駅を出発する800系。急カーブをダイナミックに曲がる

われるなど、利用客への負担軽減策も講じられているが、その是非についてここで触れるのは控えておく。

ともかく、京津線の列車は地下鉄に乗り入れることになったのだが、それに合わせて製造されたのが800系である。開発に当たっては、当然のことながら両線の特性に合わせた仕様とすることが求められたが、そのハードルは非常に高かった。たとえば、京津線は大津市内に併用軌道が残っており、また全国でも有数の急カーブや急勾配があるため、車体長を大きくすることができない。対して、東西線は京都市の中心部を走ることからある程度の輸送力が必要とされた。さらに、東西線ではATO（自動列車運転装置）やホームドアなども導入されているため、その対応機器も小さな車体に搭載しなければならず、設計担当者の苦労は相当なものだったようである。

　こうして生まれた８００系は、全長を従来車より１・５メートル伸ばした16・５メートル、片側３扉の４両編成とした。本来、併用軌道を走る列車は全長が30メートルまでと軌道法で定められているため、特認を受けている。これまでの倍以上、全長66メートルの列車が自動車に交じって走る姿は、なかなか壮観だ。併用軌道部分は架線が高く、対して地下鉄区間はトンネル断面の関係で低いため、パンタグラフは追従性の良いシングルアーム式を京阪で初めて採用。京津線の急勾配を克服するためにオール電動車とされ、安全装置は同線用ＡＴＳと地下鉄用ＡＴＯ・ＡＴＣを搭載した。その他にも、急勾配に強い鋳鉄製ブレーキシュー、地下鉄のホームドアに対応する設備、京阪初のＬＥＤ式行先表示装置など、小さな体にあらゆる機器を詰め込んでいる。当然ながら車両価格も１両あたり約２億円と群を抜いて高く、当時「１メートルあたりの価格が日本一高い」と噂された。ちなみに、８００系の１メートル単価は約１２００万円で、当時最も高額とされていた５００系新幹線とほぼ同額（５００系新幹線は全長27メートル、１両あたり約３億円）である。

　車両デザインは７２００系に準じたもので、併用軌道区間で自動車などと接触事故を起こした際に修復しやすいよう、車体はアルミ製ではなく鋼製とされた。なお、この８００

系と同時期に製造された８０００系のダブルデッカー車両が、京阪における最後の鋼製車両である。カラーリングは水色を基調としたこれまでにないもので、裾部分は黒く塗られているが、これは車輪が小さく車体が低いため「胴長短足」に見えるのを防ぐ効果を狙っている。地下鉄線内の大量輸送と観光路線の側面を持つ京津線の双方を考慮して、座席配置は両先頭車が2列＋１列の集団離反式クロスシート、中間車はロングシートとされた。

８００系は15編成が製造され、地下鉄の開業に合わせて営業を開始。20年以上たった今も変わらず、京津線の顔として活躍を続けている。なお、２０１７年（平成29年）からは京津線や石山坂本線の車両も本線の一般車両に準じた塗装へ変更されることになった。慣れ親しんだ水色のカラーリングが見られなくなるのは、少々残念である。

９０００系 ～早く生まれすぎた３扉セミクロス車

●薄幸の「特急兼用車両」

現行の８０００系を含め、京阪はこれまで片側２扉・転換クロスシートの車両を特急用として代々投入してきた。特急は長らく京橋～七条間をノンストップで走っていたが、1990年代には朝ラッシュの混雑が激しかった大阪方面行の急行列車を補完するため、中書島や枚方市が停車駅に加えられた。だが、特急用車両では乗降に時間がかかること、収容力に限界があることなどから、その対策として開発されたのが9000系である。

9000系はこうした明確な目的から、片側3扉の両開きとして乗降時間の短縮を図るとともに、特急車としての〝矜持〟と収容力を両立させるため、中央扉寄りと車端部を固定式クロスシート、両端扉付近はロングシートとした。このクロスシートは、座り心地が良いノルウェー・エネクス社製のものを採用。中央扉寄りは目線が重ならない集団離反式、車端部は妻壁と〝お見合い〟にならないよう中央向きに座席を配置し、さらにロングシートと接する部分には擦りガラス調の目隠しパネルを設置するなど、こまやかな配慮がなされている。開放感を出すため背もたれは低くなり、クロスシート部分にも吊り革が設けられている。さらに、中央扉の両側には収納式の補助いすを設置し、混雑時以外には中央扉を閉め切ることで着席できる人数を増やしている。

車両性能は当時最新型だった7200系と同一で、車体デザインもほぼそのまま。ただし、クロスシートの割り付けの関係で、9000系は7200系よりも扉間がわずかに長

登場当時の9000系は一般車の塗装をベースに水色のラインが入れられた

く、両端扉〜車端間が短くなっている。よく見ると、それぞれの窓の大きさや窓桟の太さが違うので、乗車する機会があったら見比べていただきたい。あくまでも特急用車両ではないということで、カラーリングは一般用車両と同じ緑ツートンとされた一方、その境目に水色のラインを入れることで、他のロングシート車両と見分けがつくようにされた。なお、7200系と同様に客室のパワーウインドウが採用されているが、以降の形式には波及しなかった。

こうして、収容力と特急車両なみの快適さを両立させようとした9000系は、しかし1997年（平成9年）のデビュー当初から乗客の評判はあまり芳しくなかった。特に、特急として運転される際には8000系と比べられるわけで、いくら考え抜かれているとはいえ座り心地の差は歴然たるものだった。8000系よりシートピッチが狭く、常に約半数の座席が後ろ向きとなるのも、乗客にとってはかなりのマイナスポイントである。また一般種別として運転される際には、クロスシートが仇となって混雑感が増す結果となった。デビューから5年後の2002年には、早くも第5編成の付随車4両（2・3・6・7号車）がロングシート化されてしまう。さらに、中之島線開業とそれに伴う新・3000系の登場を機に、全車両のロングシート化が行われることとなり、2010年（平成22年）までに工事が完了。あわせてカラーリングも他の一般車両と同じものとされ、外観・車内ともほぼ7200系と同一になった。

さらに、2015年から翌年にかけて全5本中4本が8両編成から7両編成となり、ここで捻出された車両は同じく7200系から捻出された車両とともに、13000系の4両編成に組み込まれた。これは、8両編成の運用が減る一方で7両編成が不足していたことへの対応で、8両編成6本と4両編成2本が、7両編成8本へと組み替えられている。ちなみに、9000系や7200系と13000系は車体裾部の形状が違うため、どの車両が組み込まれたものかは一目で分かる。

こうして、9000系は特急兼用車両として生まれながら、いささか残念な結果に終わってしまった。さらには、9000系がロングシート化されるきっかけとなった新・3000系が、同じく3扉セミクロスシートとされたのもどことなく悲哀を感じさせる。もし登場する時期が少しずれていれば、あるいは9000系にも別の〝人生〟が訪れていたのかもしれない。

6000系 ～京阪スタイルをがらりと一新

●昇圧に合わせて誕生した一大勢力

京阪は、大手私鉄としては珍しく昭和50年代まで長らく直流600ボルトによる運転を行ってきた。平面交差していた大阪市電や京都市電が直流600ボルトだったことなどが背景にあるが、輸送力増強のためには直流1500ボルトへの昇圧が不可避となったため、1969年（昭和44年）に長期計画を策定。平面交差も解消されたことから、1983年（昭和58年）12月3日深夜に実施することとなり、これに向けて施設の改修が総工費250億円をかけて進められた。

断新なデザインで京阪電車のイメージを一新した6000系

昇圧後は、当然ながら車両をそのまま使うことはできない。そこで、長期計画の策定後に製造した2400系や5000系などは、昇圧に対応できる複電圧車両とするとともに、昇圧に対応できない車両のうち比較的新しかった700系や2000系は、車体や一部機器を流用してそれぞれ1000系・2600系として生まれ変わった。一方、これ以外の旧型車両については新型車両で置き換えることとなり、そのために開発されたのが6000系である。

6000系の特徴は、なんといってもその独特な前面スタイルである。編成単位での連結を考慮せず、貫通扉を非常用と割り切ったうえで、向かって左側半分を丸ごと扉にした斬新なデザインは、これまでの京阪電車のイメージをがらりと変えただけではなく、全国的にもオンリーワンの存在。「カラーリング以外は従来の京阪と何もかも違う」と言われ、鉄道趣味界で大きな話題となった。このデザインは、細部を変化させながら10000系まで受け継がれ、また8000系もこの顔がベースになっているなど、以降の京阪スタイルを決定づけたと言っても過言ではない。客室はこれまで同様のロングシート片側3扉だが、扉間を2枚窓にするとともに1段下降式の大窓とすることで、よりスタイリッシュな印象になった。また、車内の化粧板もそれまでの薄緑色からクリーム色となり、イメージを一新している。

6000系は、昇圧前の1983年春にまず4両編成5本が製造され、暫定的に直流600ボルトで支線運用に投入。その後、昇圧に合わせて7両編成11本にまで増備され、600系や1300系などを置き換えた。最終的には8両編成14本の陣容となり、現在は京阪の最大勢力として活躍している。

ところで、最終編成の第14編成は、京都側の3両がVVVF制御方式の試作車両として製造され、ここで得たデータを基に7000系が開発された。この3両はその後7000系に編入されたが、6000系は前面窓ガラスが少し傾斜しているのに対し7000系は垂直なため、すぐに見分けがつく。一方、3両の代替となる車両は、機器類は6000系、車体は７０００系の図面で作られたため、こちらも「７０００系の顔を持つ６０００系」としてファンから注目される存在になっている。

６００形・７００形　～大津線の近代化を担った車両

●在来車の車体を流用、現在は共通運用

京津線と石山坂本線からなる大津線系統は、１９５０年代後半から製造された２６０形・３００形・３５０形と、１９６１年（昭和36年）から製造された80形で長らく統一されていた。このうち前者は、それまで大津線や本線で活躍していた旧型車の機器を流用し、鋼製車体を新製したものである。前面中央に貫通扉を設けた15メートル級２扉車という基本スタイルは同じだが、その種車によって形式が分けられ、一部が片開き扉（他は両開き扉）や両運転台車で、ヘッドライトの形状もバリエーションがあった。また、３５０形はモーターの数やブレーキ方式が異なり、平坦路線である石山坂本線の専用だった。

１９７９年（昭和54年）には、２６０形の車体を流用して機器を高性能化した５００形

在来車の車体を流用して生まれた600形。初期車は前面窓が平面となっている

が生まれた。これに続き、同様の手法で機器を更新するとともに冷房車化したのが600形で、1984年（昭和59年）から1988年にかけて20両が製造された。前面は非貫通となり、500形と同じ連続2枚窓ながらおでこの雨樋をなくし、わずかにくの字形とすることでイメージを一新している。また、途中からはパノラミックウインドウを採用し、さらに顔つきが変化した。客室部分に大きな変更はないが、クーラーを搭載したことで乗客からは大いに喜ばれた。なお、連結面は種車と同じ丸妻になっているが、両運転台車の車体を流用した車両については運転台の撤去に合わせて切妻にされた。

さらに、京津線の一部区間廃止と京都市営地下鉄東西線への乗り入れ、それに伴う直流

同様に在来車の車体を流用した700形。前面デザインがやや変化した

1500ボルトへの昇圧が決まると、それ以降も使用する車両の昇圧対応工事と近代化が必要になった。そこで、600形と同様に在来車をベースとし、ブレーキ方式を全電気式とした700形が製造された。大津線には併用軌道区間が残っており、自動車の割り込みなどに対して迅速・的確なブレーキ操作が要求されることから、ブレーキ方式の変更にあたっては両運転台で残っていた351号車に両方のブレーキを取り付け、乗務員の習熟運転を念入りに実施したそうだ。また、600形ではくの字型となっていた前面は、700形では垂直となり、大きなスカートと合わせて若干イメージが変わった。このスカートは、第1編成は600形と同じ柵状のものだったが、後に交換されている。

石山寺駅で並んだ600形の前期型（右）と後期型

７００形は１９９２年（平成４年）から翌年にかけて、５編成10両が登場。その後に６００形も昇圧対応工事が行われ、同時にブレーキ方式が７００形と揃えられて性能上の違いはなくなった。地下鉄東西線の開通前は80形や２６０形に交じって京津線でも使用されたが、開業後は石山坂本線の専属となり、２０１７年（平成29年）からは新塗装化と内装のリニューアルも進んでいる。車両数に余裕もあることから、しばらくは安泰だろう。

コラム

１９００系　～今なお愛され続ける不朽の名車

●特徴的な顔つきの４代目京阪特急

２００８年（平成20年）、ある名車がその歴史に幕を下ろした。かつて４代目特急車両として一世を風靡し、一般車両に格下げされた後もその特徴的な表情から多くの京阪ファンに愛され、約半世紀にわたって京阪を支えてきた車両が１９００系だ。

１９００系は、１９６３年（昭和38年）に天満橋～淀屋橋間の地下線が完成するのに伴い、そのシンボル的存在として登場した。数年前に製造された２０００系と同様の、つるんとしたおでこに大きな前照灯を持ち、車体構造も２０００系で採用されたモノコック構造をベースとしながらも、転換クロスシートの足元スペースを確保する目的から卵型断面は採用されず、直線的なものとなった。そして１９００系のシンボルが、前面下部に取り付けられた銀色の大きなバンパー。鉄道車両では珍しいこの装備は、裾部分をキリッと引き締め、大きな目玉と相まって独特の表情を作り上げている。

車体長は３代目特急車両の１８１０系と同じ19メートル級で、シルやヘッダーと呼ばれる窓上下の補強帯をなくし、すっきりした印象である。この頃の京阪特急の伝統でもある、８００ミリメートル幅の狭窓はアルミサッシとされ、銀色に光り輝く窓がずらりと並ぶ姿

銀色のバンパーが特徴の1900系は半世紀以上にわたり活躍した

は、格式高い雰囲気を感じさせた。大好評だったテレビも引き続き搭載されている。
1900系は、まず淀屋橋延伸に合わせて24両が製造され、同時に1810系のうち空気ばね台車を装備した17両が改造のうえで1900系に編入された。この編入組は、内装や客室窓が1900系と揃えられた一方、前面は手を加えられなかったため雨樋が残り、ヘッドライトも屋根上に露出しているなど、同一形式とは思えない姿だった。さらに、新製組・編入組とも増結用の両運転台車が存在するなど、実にバリエーションに富んでおり、これを生かして最少3両（淀屋橋地下線の試運転には2両編成で使用された）から最大7両編成で活躍した。

淀屋橋延伸によって京阪線の利便性は飛躍的に向上し、乗客も大幅に増えたことから、ほどなく4両が追加製造された。総勢45両となった1900系は、ハトマークも誇らかに京阪間を疾走。その活躍ぶりは、かつては〝身内〟だった阪急京都線の乗客を奪い、あわてた阪急がそれまでロングシートだった特急に転換クロスシートの2800系を急遽投入するほどだったと言われている。

●一般車への格下げ後も人気は継続

10年弱にわたり京阪の顔として活躍した1900系だったが、1971年（昭和46年）に5代目京阪特急の旧3000系が誕生したことで、順次特急運用から退くこととなった。一般車へ格下げされるにあたって、片側3扉化とロングシート化、テレビ設備の撤去などを実施。カラーリングも一般車両のそれとされた。その後、昇圧工事を経て冷房化改造も行われたが、その際には車体の大幅な補強工事も実施された。これに伴って前面の顔つきも変化し、幌や2段窓がなくなってすっきりしたが、バンパーは少し形を変えたうえで残されている。

そして今にして思えば、この一連のタイミングこそが、鉄道車両の寿命が30年から40年と言われるなかで1900系を長寿たらしめた要因だったに違いない。すなわち「まだ製造から20年も経っていないので、昇圧改造をしよう」「昇圧改造してそれほど経っていないから、補強工事をしてクーラーを搭載しよう」「大幅なリニューアルもしたから、もう少し使い続けよう」といった流れだったのではなかろうか。後輩である旧3000系のほとんどが、最後まで特急用として活躍した末に20年ほどで廃車されたことは、一般車が足りており転用の必要がなかったことを差し引いても、運命のいたずらを感じさせる。

一般車へ格下げされてからも30年以上走り続けた1900系は、しかし製造から40年を迎えた頃から機器類のメンテナンスが困難になりつつあった。老朽化の著しかった2編成が2002年（平成14年）に廃車されると、残りの編成も大半が2006年に引退。そして、最後に残った2編成が2008年に運用を終えた。この2編成には1810系からの編入車が残っており、1956年の製造から数えると実に52年という長寿であった。また、1900系が持つその魅力に加え、本線系統では2代目1800系以来約20年ぶりとなる形式消滅（8000系に編入された旧3000系を除く）でもあったことから、京阪ファンのみならず多くの人々がその別れを惜しんだ。

引退から10年が経った2018年、京阪電車では1900系の鉄道模型を発売し、瞬く間に完売となった。今も1900系の人気は衰えることがない。

旧・３０００系　～波瀾に満ちた人生の5代目京阪特急

●１９００系の後継となるテレビカー

特急の増発に合わせて１９７１年（昭和46年）に誕生した初代３０００系は、狭窓が並ぶ片開き２扉というスタイルは１９００系から変わらないものの、カラーテレビやクーラー、定速度制御装置など当時最先端の装備が導入された。京阪特急伝統のクロスシートを車端部にも備え、また世界初となる座席の自動転換装置によって折り返し駅での作業も省力化されている。

当初は１９００系と共用される計画で、製造両数も12両にとどまっていたが、デビューとともにその設備の差から絶大な人気を集めたため、特急は３０００系で統一することに決定。２年間かけて合計58両が製造され、以来18年にわたって京阪の看板車両として活躍を続けた。

●京阪初のダブルデッカーを導入

だが、１９８９年（平成元年）の鴨東線開業に伴って８０００系が登場すると、一気に人気を奪われてしまう。かつての１９００系と全く同じ流れで、３０００系は特急運用から退くことになったが、当時は一般車両の数が足りていたことから転用は行われず、特急の予備編成として残った1編成以外はすべて廃車された。もっとも、製造からまだ20年足らずということもあり、一部の車両が富山地方鉄道や大井川鐵道に引き取られたほか、モーターなどの機器が８０００系に転用されている。残された1編成には前述の通り京阪初のダブルデッカーが組み込まれ、８０００系にも連結されるまでの間は再び人気を取り戻す。２００８年（平成20年）には新３０００系に形式名を譲ることとなり、８０００系30番代に編入されて２０１３年まで活躍した。

現在は、1両がくずはモールの「ＳＡＮＺＥＮ－ＨＩＲＯＢＡ」に展示されているが、この３５０５号車は台車などを含め1両まるごと残されており、常に一般公開されているものとしては京阪唯一の保存車両である。

こうして見ると、３０００系しかり８０００系しかり、京阪では「不足分の穴埋めで登場した車両が大人気となり、急きょ追加製造を決定」というケースが続いている。当初から「どや！」とばかりに胸を張って自慢するようなことはせず、良く言えば慎重で謙虚、悪く言えば行き当たりばったりといったところ。これも京阪らしさなのかもしれない。

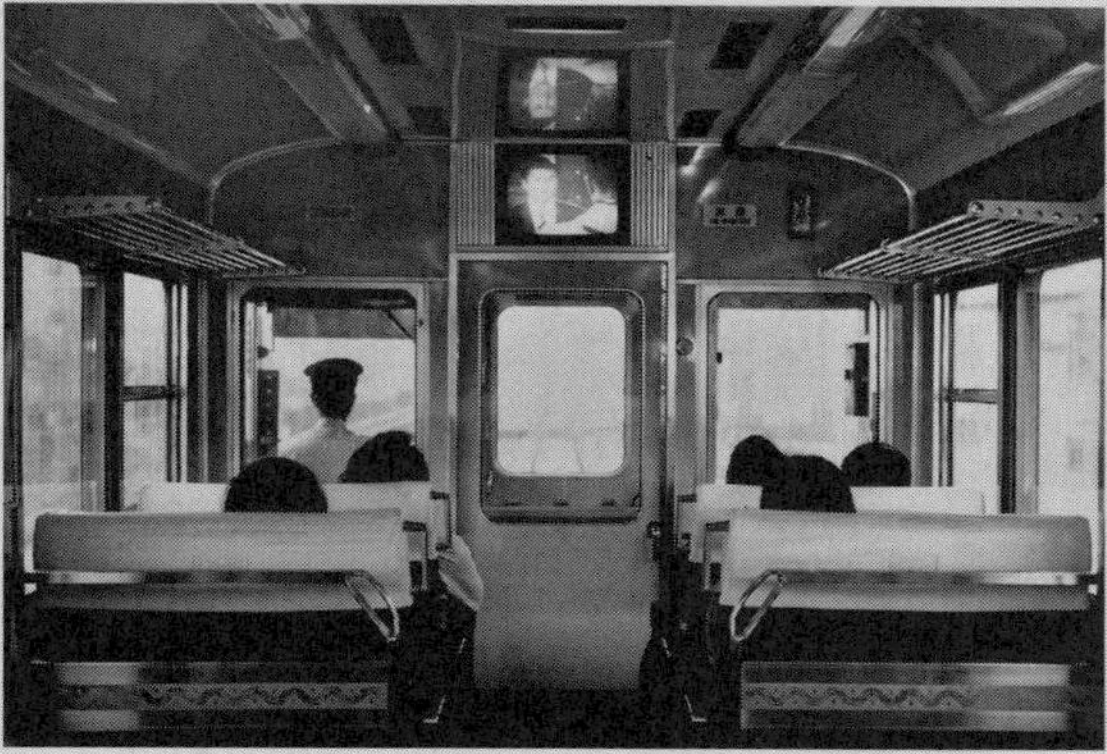

旧3000系の先頭車。運転室との仕切壁にテレビが設置されていた

晩年の旧3000系の乗務員室。ハトマークは特急運用時以外は取り外された

ラッシュ輸送を陰で支える複々線

●カーブをなくす計画が高架複々線へ発展

京阪の車両面での花形が8000系や3000系なら、設備面での花形は複々線だろう。見通しが良い4本の線路を列車が行き交う姿は、見ていて実に飽きない。

この複々線が最初に計画されたのは、1923年（大正12年）のことである。計画段階で意図的に併用軌道区間を多くしていた京阪は、開業までにその区間を減らすことに成功していたものの、蒲生（現：京橋）～守口（現：守口市）間は併用軌道のままだった。さらに、この道路は通行量が多いうえに通称〝七曲り〟と言われるほどカーブが多く、スピードアップや列車を増発する上でネックとなっていたため、まずはこの区間を直線で作り直すことが決定された。

この段階では、線路は複線とする計画で進められていたのだが、ここで京阪は「どうせなら……」と考えた。どうせ線路を敷き直すのなら、将来の増発に対応できるよう複々線にしようというのである。もちろん用地や費用も多く必要になるが、新ルートは人家が少なく田畑が多かったため、用地の買収などは比較的スムーズに行われたことも後押しした。さらに、せっかく複々線にするのなら、安全性を確保するために高架化した方がよいとも考え、１９２８年（昭和３年）に現在のような高架複々線という形で計画が認可された。一連の変更で、当初は２１０万円だった予算は倍以上の４９５万円にまで膨れ上がったという。

当時はまだコンクリート製の高架橋が一般的ではなかったため、複々線は土を盛る築堤方式で作られることになった。膨大な量となる土は、土居駅から少し東側の場所に東西２５０メートル、南北３００メートル、深さ10メートル（いずれも最大値）という大きな穴を掘って採取し、工事用の線路を敷いて運んだという記録が残っている。この穴は調整池として１９６０年代まで活用された。

高架複々線化工事は、まず１９３１年（昭和６年）に外側２線がほぼ完成し、使用が開始された。内側２線が完成するのは２年後のことで、これに合わせて外側線（京阪ではＢ線と呼ぶ）を普通列車用、内側線（Ａ線）を通過列車用と使い分けるようにした。複々線自体は関西でも国鉄や阪急などで見られたが、これらは複線の路線が２つ配置された「系統別複々線」がほとんどで、京阪のような「方向別複々線」は全国的にも珍しいものだった。

●2回の延伸を経て私鉄最長の複々線へ

こうして完成した複々線は、戦後の混乱期などで増え続けた乗客の輸送にも大いに役立った。一方で、この前後の区間は複線のままだったため、そのポテンシャルを十分に発揮できていない状態だった。戦後すぐに天満橋～野江間の複々線化が計画されたものの、当時は車両や駅施設などの復興が先だったこともあって実現には至っていない。

だが、淀屋橋～天満橋間の延伸によって混雑がさらに激化したため、複々線を天満橋駅まで延ばすことを決定し、1968年（昭和43年）に着工。工事は2期に分けて行われ、翌年にまずは京橋駅の移転と複線高架化が完成した。さらに1年後には2期工事も完成し、高架複々線は天満橋駅までつながった。これにより、列車の本数が増やせただけでなく、高架化による踏切の廃止、京橋駅付近のカーブ解消によるスピードアップが可能となるなど、様々なメリットがもたらされたのである。

ところで、淀屋橋延伸によって一度は大阪側ターミナルの座を奪われた天満橋駅だったが、この複々線化によってふたたび同駅を始発・終着とする列車が多数設定されるようになった。当初は4線のうち、北側2線が淀屋橋方面へ続いており、南側2線は天満橋止まりの列車が使用していたが、中之島線の建設が決まるとルートの関係で北側2線を同線用とする必要が生じた。そこで、2006年に線路が切り換えられ、淀屋橋方面からの線路は南側2線につながる現在の形へと変更されている。

さらに、1972年からは萱島駅の先、寝屋川信号所までの高架複々線化工事がスタートした。この工事は10工区に分けて進められ、完成したところから順次供用を開始。1975年3月には、西三荘駅の新設や門真駅の廃止なども行われている。1980年に全区間の複々線化が完了したことで、総延長12・1キロメートルという当時では私鉄最長の複々線ができあがり、京阪の輸送力は飛躍的にアップすることとなった。同年には、沿線に住む中学生の置き石による脱線事故が発生したが、高架化はこうしたいたずらを防ぎ、また20カ所の踏切が廃止されるなど、安全性の向上にも貢献している。

半世紀の時を経て完成した、京阪の複々線。戦前から築かれたこの設備が、京阪の輸送を今も支えている。

複々線化工事が竣工した当時の天満橋駅付近。ここで方向別複々線から系統別複々線となる

第3章

巨木、急坂、即席居酒屋など一度は訪ねてみたい個性あふれる駅10選

淀屋橋　～京阪の悲願だった市内中心部乗り入れの象徴

本線の始発駅である淀屋橋駅は、これまでで触れたように京阪が会社設立時から目指した地でもあった。開業日は1963年（昭和38年）4月15日で、これは天満橋～五条間で営業を開始してからちょうど50年後の同日に当たる。その喜びを表すように、ホームには記念碑が設置されており、また天満橋駅のホームには地下線の入り口に掲げられていた扁額が移設されている。

淀屋橋駅の配線は、1面4線という珍しい構造で、島式ホームのうち1面を切り欠いて2本の線路を配置し、さらに切り欠いていない側の面には1線で2本の列車が縦列駐車のように前後に停まれるようになっている。地下線の建設当時、すでに駅周辺は大阪屈指のオフィス街としてビルが建ち並んでおり、地下にもそれらの基礎などがあったため、駅の横幅をあまり広く取ることができなかった。そんななか、発着できる列車の本数を増やすための苦肉の策がこのホーム構造で、京阪では中之島駅が、他社では阪急河原町駅などが似た構造（ただし、これらは縦列停車を行わない1面3線）である。一時は朝ラッシュ時

左側に2本の列車が縦列停車する淀屋橋駅。右側の列車は3番線に入線中

などに威力を発揮していたが、中之島線が開通したこともあって現在は淀屋橋駅を発着する列車が減ったため、列車が縦列停車する風景はほとんど見られない。そのため、ラッシュ時を除いて1番線（縦列停車の京都寄り）と2番線（切欠きホーム）は使用されておらず、日中は閉鎖されている。

日中は、同駅から特急と準急がそれぞれ10分間隔で発車しており、特急は折り返し列車の到着後、いったん扉を閉めて座席の向きを自動転換する光景が見られる。これは、天満橋や京橋などから京都方面へ向かう乗客の折り返し乗車を防ぐ意味合いもある。かつてはスムーズな降車と整列乗車を促す目的から、到着時の列車は乗車位置から少しずらして停車し、降車完了後に扉を閉めてから座席の転換に合わせて数メートル移動させていた。また、プレミアムカーは回転式のリクライニングシートのため、アテンダントが忘れ物などをチェックした後でスイッチを操作して向きを変える。座席がくるくる回る様子はなかなか面白く、観光客が珍しげに動画を撮るなど、さながらちょっとしたアトラクションのようである。もっとも、折り返し時間は日中で7分ほどと短いため、乗務員にとっては慌ただしい時間だ。なお、日中は同駅を発着する普通列車がなく、京橋～萱島間の準急通過駅を利用する場合は京橋で乗り換えとなる。

淀屋橋駅の乗降者数は、1日当たり10万7300人（2015年度のデータ、以下同じ）で、全駅中第2位。中之島線の開業により2万人ほど減ってからは、ほぼ横ばいの数字となっている。しかし、大阪メトロ御堂筋線との乗り換え駅として、これからもその重要度が変わることはない。

京橋　～京阪の要となる拠点駅

ＪＲ大阪環状線と学研都市線、大阪メトロ長堀鶴見緑地線との乗り換え駅でもある京橋駅は、１日当たりの乗降者数が17万７８００人を数え、淀屋橋駅の１・６倍以上と断トツの第１位。乗降客数の多さもさることながら、本線と中之島線を分けるポイントが同駅の構内にあり、実質的な分岐駅としての役目も果たすなど、京阪随一の拠点駅である。天満橋駅ではホームが路線別となっているのに対し、京橋駅は方向別となっており、両線の列車が対面乗り換えできることから、駅や車内での案内も京橋駅での乗り換えが推奨されている。

１９１０年（明治43年）、京阪本線が開業した際の京橋駅は、現在の場所から数百メートル東側にあり、駅名も蒲生だった。１９３２年に現在の場所から大阪環状線（当時は城東線）を隔てた東側に移転し、その２年後には大阪環状線に新設された北側改札口とを結ぶ連絡通路も完成した。この頃、京阪の複々線区間は蒲生信号所～守口間で、京橋駅付近はまだ複線だった。終戦後もしばらくこの状態だったが、１９４９年（昭和24年）に京橋

JR京橋駅（左）に隣接する京阪京橋駅（右）。京阪本線の高架下が連絡通路になっている

駅と改称した頃から急速に利用者が増え、次第に同駅付近の複線区間がボトルネックとなるようになった。そこで、複々線区間を天満橋駅まで延ばすとともに、京橋駅を現在の位置に移転・高架化する計画が進められ、1969年（昭和44年）に駅ビルを併設した現・京橋駅が完成した。それまで京阪の線路は京橋駅付近で少し北側を走っており、その跡地には大阪メトロ長堀鶴見緑地線の京橋駅やコムズガーデンが建設されている。

京橋駅のホームに立つと、前述の通り本線と中之島線の乗り換え、あるいは普通列車と優等列車の乗り換えを図るため、ダイヤがうまく考えられているのが分かる。ラッシュ時はもちろん、休日には京都へ向かう観光客な

名物のフランクフルトが売られている京都方面行きホーム上の売店

どで、最大幅11・5メートルのホームがいっぱいとなることもあるなど、終日にぎわいを見せている。

そんな京橋駅には、ある〝B級グルメ〟があるのをご存じだろうか。それはフランクフルトで、京都方面行きホームにある売店で販売されている。ケチャップやマスタードの要らない濃いめの味付けが特徴で、その場でパリッと焼き上げられており、ジューシーでなかなかの味だ。1日の販売本数は平均700～800本ほどで、約1200本を売り上げた日もあるという。偶然か意図的か、売店前にはベンチもあり、このフランクフルトをアテに缶ビールを1本……という仕事帰りのサラリーマンも多い。販売されるようになった経緯は記録に残されていないが、列車を待つわずかな時間で手軽に食べられるよう、フランクフルトが選ばれたのではないか？　と言われている。

同駅周辺は大阪屈指の歓楽街。その中で場所を変えつつ、1世紀以上にわたってこの街を見てきた京橋駅は、京阪初となるホームドアの設置が現在検討されている。2020年度を目途に試行整備を目指すとしていて、数年後にはより安全な駅に生まれ変わる予定だ。

土居　～隣どころか3駅先まで見渡せる〝見る鉄スポット〟

京橋駅を出た列車は、JRの線路を越えると左へ大きくカーブし、そこから約4キロメートルにわたってほぼ直線が続く。外側を普通列車、内側を優等列車が走る複々線で、途中の森小路駅が島式ホームとなっているほかは、全駅が外側にのみ対向式ホームのある構造となっている。

さらに、この区間は隣の駅との間隔がとても短いことでも知られている。京橋駅の1つ

土居駅のホームから淀屋橋方を望む。中央奥に3駅先の森小路駅がうっすら見える

隣、野江駅から守口市駅までの距離は3・7キロメートルだが、その間になんと5つも駅があるのだ。中でも千林駅～滝井駅～土居駅の間はそれぞれ400メートルしか離れていない。しかも、この「400メートル離れている」というのは、駅ホームの中心位置からの距離である。各駅のホームは約150メートルなので、これを差し引くとホームの端から隣の駅のホームの端までは、250メートルほどしかない。まるで、バスの停留所並みの間隔だ。これは、もともと京阪が路面電車として計画された時の名残でもある。高架化や複々線化を行った際に、一部の駅を統合するという案も出たのだが、地元から大きな反対が湧き起こったため、今もすべての駅が

残っているというわけだ。

そして、この近さを一番実感できるのが、直線区間を終えてやや右へカーブしたところにある土居駅である。京都方面行きホームの大阪側に立つと、隣の滝井駅がすぐそこに見える。土居駅を出た列車は、最後尾がホームから離れた辺りですでに加速を終え、すぐにブレーキをかけて滝井駅に到着。その次の千林駅にもあっという間に着いてしまう。さらに、この場所からは3駅先の森小路駅までバッチリ見渡せる。しかも、この区間は行き交う列車も多く、駅に停まっている普通列車の横を特急が追い抜いたり、時には並走することもある。運が良ければ、複々線のすべての線路に列車が走っている姿を目にすることもできるのだ。まさに、全国トップレベルの〝見る鉄スポット〟と言える。

筆者が「京阪らしいスポットを教えてほしい」と言われた時に、他を差し置いてまずオススメするのがこの場所。まだ訪れたことのない方は、ぜひ一度この楽しさを体験していただきたい。ちなみに、この複々線区間には他にも「商店街の中にある千林駅」など個性的な駅があるので、時間があれば気ままに途中下車してみてはいかがだろうか。

萱島　～危機を逃れた大クスノキが見守る駅

　天満橋駅から続く複々線区間の終わりが萱島駅である。先ほどの土居駅からここまでは、最後に建設された複々線区間で、１９７２年（昭和47年）から9年以上の歳月と約４３０億円の巨費をかけて整備され、同時に連続立体交差化も行われた。この工事が完成したことで、守口～門真エリアで急増していた通勤需要にもこたえられるようになったのに加え、寝屋川車庫への出入りもスムーズになり、京阪の更なる発展に大きく寄与した。複々線完成後の１９８０年（昭和55年）３月に行われたダイヤ改正は、列車の大幅増発や所要時間短縮、優等列車の停車駅変更、さらに当時まだ珍しかった土曜ダイヤの新設など、大規模なものとなった。一連のプロジェクトで、当時最も混雑が激しかった野江～京橋間の乗車密度は、２２４％（１９７４年度）から１７８％へ減少するなど、大きな成果を上げている。なお、この複々線区間は12・５キロメートルで、１９９７年（平成9年）に東武鉄道伊勢崎《いせさき》線北千住～越谷間17・３キロメートルの複々線化が完成するまでは私鉄最長だった。

大阪方面行きホームを突き抜けるように生えるクスノキ

さて、一連のプロジェクトの中で萱島駅も高架複々線化されることになった。その際、隣接していた萱島神社の境内を駅用地として利用する計画だったが、ここに立っていた樹齢700年とも言われる御神木のクスノキを伐採することに対し、地元から大きな反対の声が上がった。そこで京阪は交渉を重ねた結果、線路の位置を計画から少しずらすとともに、木が立っている部分のホームに大きな〝穴〟を開け、そのまま残すこととしたのである。伐採を免れたクスノキは、今もホームの上に大きく枝葉を広げ、その姿はまるで屋根から木が生えているかのようだ。この取り組みが評価され、萱島駅は1983年（昭和58年）に「多くの人たちから愛されていたクスノキを保存し（中略）冷たい感じのプラットホームに緑を添え、乗客を楽しませている」として、大阪都市景観建築賞の奨励賞を受賞した。

複々線の終端駅として、運転上の要ともなっている萱島駅。ここを通過する列車を、今日もクスノキが見守っている。

伏見稲荷　～朱塗りの柱も鮮やかな〝お稲荷さん〟の最寄駅

日本有数の観光地・京都を沿線にかかえる京阪は、近年増え続けている外国人観光客の足としても活躍している。そんな彼らが「ぜひ訪れたい」として挙げる観光名所の一つが、伏見稲荷大社だ。１３００年の歴史を持ち、全国に3万社あると言われる稲荷神社の総本宮として信仰の場であるとともに、真っ赤な鳥居が続く「千年鳥居」をはじめ見どころが多く、フォトジェニックなスポットとして世界中から多くの人が訪れている。

そして、伏見稲荷大社の参拝客に多く利用されているのが伏見稲荷駅である。もっとも、１９１０年（明治43年）の開業当初は稲荷新道駅という名称で、伏見稲荷から南側に延び

伏見稲荷大社をイメージした装飾が施された伏見稲荷駅のホーム

る表参道の近くに稲荷駅があった。だが、稲荷新道駅から延びる新参道の方が伏見稲荷に近く、利用者も多かったことから、開業8カ月後には早くも稲荷駅が深草駅に、稲荷新道駅が稲荷駅へと名称変更された。その後、稲荷駅は1939年（昭和14年）に稲荷神社前駅、1948年（昭和23年）に現在の伏見稲荷駅へと改称されている。

伏見稲荷駅で特徴的なのは、駅舎やホームの造りである。朱塗りの柱に白い壁、欄間のような柱上部の飾りは、説明するまでもなく伏見稲荷を模したもの。一説によると、稲荷駅の時代からすでにこのような意匠が採り入れられていたという。参拝客にも好評で、駅前や南側の踏切で写真を撮影する人が絶えない。2017年

（平成29年）には駅舎のリニューアル工事が完了し、従来のイメージを受け継ぎつつ更にスタイリッシュな外観となった。

ところで、駅南側の道路にはかつて京都市電稲荷線が走っており、京阪は駅南側にある踏切の更に南で平面交差していた。ここでは市電と京阪が何度も衝突事故を起こし、そのたびに安全対策や速度制限が強化されている。市電の廃止後、その線路敷の一部は公園となっていて、その名残を確認することができる。

観光シーズンには多くの利用者で賑わう同駅だが、その真骨頂を見せるのは正月である。全国でもトップクラス、三箇日で約２７０万人という初詣客をさばくため、急行が臨時停車するなどフル稼働となる。多くの人が伏見稲荷でお祈りをし、この駅から新年を始めるのだ。

三条　～ターミナルの面影をわずかに残す駅

１９１０年の天満橋～五条間開業から遅れること5年、１９１５年（大正４年）に五条

鴨川の真横を走っていた地上線時代の三条駅付近

〜三条間が開業した。この区間は、第1章で少し触れたように京都市が保有していた軌道特許を京阪が借りる形で営業が始まっている。その際には、差し当たっての借用期間を20年とし、以降は京都市が契約を解除できるという内容のほか、運賃を誰が決めるか、京阪が京都市に払う報奨金をいくらにするかなどで、かなり激しい議論が交わされた。大阪市の交渉とは違って、こちらは京阪側の意見がおおむね通る形で決着している。

一方、これより先の1912年には京津電気軌道の三条大橋駅が少し離れた場所に開業している。同社と京阪は当初から良好な関係を築いており、連絡乗車券の取り扱いなども行っていた。三条駅が開業した後で両駅間に連絡線が建

三条駅のホームは2面4線。終着駅だった頃の名残だ

設されたのに続き、1922年（大正11年）に三条駅の拡張工事が完了、その翌年には東側に京津電軌が乗り入れた。1925年（大正14年）の両社の合併を経て、1949年（昭和24年）には三条総合駅となり、京都側ターミナルとしての整備がひとまず完了した。

この頃は、60形「びわこ号」による臨時直通運転なども行われていたが、次第に減少。大津線の車両を新造した際、寝屋川車庫から錦織車庫への回送などで活用された連絡線も、1969年（昭和44年）に撤去されている。

1987年（昭和62年）には、地下線化の工事が完成する。これに伴って本線の駅は地下化、地上に残った京津線の駅は三条京阪駅と改称されるなど、徐々にその姿を変えていく。

そして１９８９年（平成元年）、鴨東線開業と同時に三条駅は中間駅となる。その後も宇治線の普通列車は大半が同駅を始発駅としていたが、これも２００３年（平成15年）には廃止。現在、三条駅を始発・終着駅とする列車は、早朝と深夜のごく一部に限られている。一方、地上に残った京津線の駅は京津三条駅と名前を変えて営業を続けていたが、１９９７年（平成９年）の京津線部分廃止でその役目を京都市営地下鉄三条京阪駅に譲り、京阪の駅は地上から姿を消した。なお、京阪では京都市営地下鉄と駅名が重複していた五条・四条・丸太町の３駅を、２００８年（平成20年）にそれぞれ清水五条・祇園四条・神宮丸太町に変更しているが、三条については地下鉄側が「三条京阪」としていたためそのままとされた。

つい30年前まで、鴨川沿いの地上駅だったのが信じられないほど変貌した三条駅。現在は緩急接続に使われている２面４線のホームだけが、かつてここがターミナルだったことを物語っている。

出町柳　〜昭和を跨いで実現した洛北へのルート

三条駅に代わって終着駅となったのが出町柳駅だ。この区間は鴨東線で、本線とは別路線になっている。そして鴨東線の建設は、実は大正時代から計画されていたのである。

時をさかのぼること1924年（大正13年）。京都電燈が三条〜出町柳間の路線免許を取得した。京都電燈は現在の京福電気鉄道で、当時すでに四条大宮〜嵐山間を開通させていたのに加え、この2年前には出町柳〜八瀬（現：八瀬比叡山口）間の路線免許も取得し、工事の真っ最中だった。京都電燈では三条〜出町柳間についても着工すべく準備を進めたが、途中で平面交差が生じる京都市電との協議に時間を要し、工事開始後も景気悪化などの悪要因が重なったことから、途中で中断されてしまう。

次に計画が再燃したのは1948年（昭和23年）頃である。叡山線の沿線開発などを進めたかった京都市が、京阪（当時は阪急）と京福電気鉄道に建設を要請し、これに対し両者は検討をスタートした。だが、またしても京都市電との協議が難航したことに加え、三条以南と同様に鴨川沿いを走ることに対し、「景観を損なう」とする反対意見が出たこと

叡山電車の駅と一体化されている京阪出町柳駅。乗り換えも便利だ

などから、またしても計画はとん挫する。

1970年頃になると、三たび建設が話題となった。これまでと大きく違ったのは、この頃すでに京阪本線の地下化も検討されており、鴨東線についても地下での建設を前提に進められた点である。これにより、景観問題や道路交通に与える影響がなくなったことから、計画は急速に進む。1972年（昭和47年）に建設主体となる鴨川電気鉄道が設立され、2年後には免許を取得。途中、オイルショック等による中断を経て1984年（昭和59年）に工事が始まり、5年後の1989年（平成元年）に開業した。昭和時代をまるまる跨ぎ、平成の幕開けとともに実現したというのも興味深い。

こうして誕生した出町柳駅は、大阪はもちろん京都市南部と洛北エリアを結び、通勤通学や観光に大きく貢献した。折しも、叡山線は毎年多額の赤字を計上していた時期で、開業の4年前には京福電気鉄道から分社化され、叡山電鉄が設立されていた。鴨東線の開業は、同社にとってまさに〝救いの神〟とでも言うべき存在で、開業前年の1988年度には年間345万人だった乗客数が、開業翌年の1990年度には700万人と倍増している（ただし、この状況でも叡山電鉄の収支はやっとわずかな黒字が出る程度であった）。

だが、鴨東線の計画は本来もっとドラスティックなものだった。というのも、出町柳から叡山線への乗り入れも視野に入れていたのである。第2章でも触れたとおり、2600系の初期車はこれを考慮して2両編成で運用できるように考えられていた。だが、建設費が高騰してしまうことからこの計画は中止され、京阪は地下駅、叡山はそのまま地上駅となった。もし乗り入れが実現していたら……と考えると、なんともワクワクする話である。

出町柳駅の周辺は、鴨川が合流する夕涼みスポットとして、また洛北の山々が近く、夏には五山送り火のビューポイントとして、京都ならではの雰囲気が味わえる場所である。本線の地下線化に際しては「京阪は創業以来ずっと鴨川沿いを走っており、もはやこれも京都の風物詩である」という意見もあったそうだが、もし地上のまま出町柳まで来ていたらどうなっていたか、こちらも興味のあるところだ。

宇治　～意外な列車との共通点を持つ駅

宇治線は、1913年（大正2年）に中書島～宇治間が一挙に全通した。当時の宇治駅は、JR奈良線の線路をくぐって南東に延びており、ホームは2面3線構造。宇治橋のたもと付近に改札口があり、駅に停車中の列車が府道からもよく見えた。翌年からは貨物営業も始められ、戦後もしばらく続けられていた。1964年（昭和39年）に3番線が廃止され、実質的に2面2線の対向式構造となってからは大きな変化もなかった。

転機が訪れたのは1995年（平成7年）で、前を走る府道の拡幅や橋の架け替えなどを実施するにあたり、京阪の駅を移設することになった。新駅は中書島方面に180メートル、JR線の北側まで後退する形とされたが、これでは宇治のメインストリートから京阪の駅が見えず、アクセスにも不便なことから、JR線南側の旧駅跡地を利用して新駅入口とロータリーが造られている。

串に刺さった茶団子をイメージした外観が特徴的な宇治駅

新駅は島式ホーム1面2線とされ、コンクリート打ち放しのデザインに切妻の屋根が載せられている。茶団子をイメージしたという外壁の丸い開口部や、コンコースに見られるアーチ状の装飾柱も非常にユニークだ。この駅舎は京都市生まれの建築家・若林広幸氏が設計しており、駅舎としては日本で初めてとなるグッドデザイン賞を受賞している。

ところで、若林広幸氏はこの少し前に、ある鉄道車両のデザインを手掛けている。同じく円形の意匠を巧みに取り入れた車両、と言えばピンとくる方もいるだろうが、それは南海50000系「ラピート」だ。よく見てみると両者の間に共通点が見いだせるかもしれない。

一時期は1900系が主に活躍していたこと

から、足しげく通う京阪ファンもいた宇治線。現在は、宇治を舞台にしたアニメ「響け！ユーフォニアム」の中で頻繁に登場することから、ファンの聖地ともなっている。どうやら宇治は、いつの時代も人を引き寄せる力があるようだ。

余談だが、京阪の駅で所在する市の名前が付く駅は、ほとんどが「〇〇市」となっているのに対し、この宇治だけは「市」が付かない。〝京阪の謎〟の一つである。

大谷 ～日本一！ なにかが狂う山間の小駅

1912年に営業を開始した京津電気軌道は、「軌道」という名が示す通り一部区間で併用軌道があった一方、途中で逢坂山や東山などの峠越えが存在した。最急勾配は66・7パーミルで、これはJR信越本線横川～軽井沢間（現在は廃止）の碓氷《うすい》峠と並び、日本トップレベルのきつさである。この急勾配を安全に上り下りするため、京津電軌の車両には早くから発電ブレーキが装備されていたことは、第1章で記した。平成に入り、京津三条～御陵間が廃止されたのに伴って、蹴上付近にあったこの最急勾配は姿を消したが、今

急勾配上に設置された大谷駅。ベンチは脚の長さが左右で違う

も大谷～上栄町間には61パーミルの急勾配が残っている。

そして、その入口に当たる大谷駅自体も、40パーミルという勾配上に設置されている。同駅はもともと現在の位置より三条寄りにあり、その当時は30パーミルの勾配上にあった。地下鉄東西線への直通乗り入れに伴って同駅に停車する列車が4両編成となり、ホームを延伸する必要が生じたのだが、駅前後にそのスペースがなかったため、4両ホームが設置可能な場所に駅自体を移設することになった。その場所が現在の位置である。ただし、法律（軌道法）上は10パーミルを越える場所には原則として駅を新設できないため、設置にあたっては安全性を確認したうえで特認を得ている。この40パーミルというのは、普通鉄道では全国一勾配の急な駅であり、移設前に1位だった明知鉄道の飯沼駅（33パーミル）を大きく抜く形となった。

大谷駅に降り立つと、明らかに坂道の途中に位置しているのが分かるほど、ホームの床が傾いているのが感じられる。レール方向に立っていると、自分の平衡感覚が狂いそうだ。もっとも、大昔の列車ならさも苦しげに発車したのかもしれないが、現在は車両の性能が良くなっているため、上り坂でも何事もないように発車していく。そしてこの駅の〝名物〟が、壁際に設置されたベンチである。傾いたホームの上で水平に座れるよう、左右の脚の長さが違う。どれだけ傾いているのか、まさに視覚で訴えかけてくるというわけだ。

ちなみに、この大谷駅の前後には線路が神社の境内を横切っていたり、京阪が開業した当時のレールで造られた架線柱が残っていたりと、魅力的なスポットがたくさんある。機会があれば、ぜひ散策してみてはいかがだろうか。

中之島　～利用低迷を逆手に取った大ヒットイベント

京阪で最も新しい路線である中之島線は、1980年代後半からその建設が検討されてきた。1989年（平成元年）には、運輸省（現：国土交通省）の運輸政策審議会で同線が「2005年までに整備に着手することが適当である」と位置付けられ、これを受けて整備方法や収支予測について詳細な検討が進むことになる。そして2001年（平成13年）、中之島線の事業費を盛り込んだ国や大阪府などの予算案が成立し、同線の建設が決定した。工事は2003年（平成15年）に始まり、5年の歳月をかけて完成。2008年10月19日に、鴨東線以来19年ぶりの新線として開業した。

そして、中之島線の現在の終点となっているのが中之島駅である。中之島線は全線が地下に建設されており、同駅も地下1階が改札口とコンコース、地下2階がホームとなっている。島式ホームの一部を切り欠いた1面3線構造は淀屋橋駅と似た構造だが、切欠きホームである3番線の反対側は壁が設置され、利用者が2番線に進入する列車と接触しないよう配慮されている。行き止まりとなった線路の先には、同駅の建設工事で使用された

中之島駅の出入口。リーガロイヤルホテル（中央）や国際会議場（右）の最寄駅だ

シールドマシンの一部がモニュメントとして残されている。

　中之島エリアの交通の足として期待された中之島線は、しかしエリア開発の遅れなどから利用が低迷。開業から現在にいたるまで、利用者数はほぼ横ばい状態である。開業当初は快速急行を筆頭に、終日にわたって優等列車が設定されていたが、現在は平日のラッシュ時など一部時間帯に運行されるだけとなってしまった。これに対し、京阪では中之島線の認知度を上げようと様々なイベントを実施しており、その一部が密かにブレイク。中でも一番人気なのが「中之島駅ホーム酒場」である。

「中之島駅ホーム酒場」は、車内に酒や食品

ホームや車両が居酒屋に変身した「中之島駅ホーム酒場」の様子

の販売ブースとテーブル類を設置した〃酒場列車〃を中之島駅３番線に留置。さらに、ホーム上にもゴザや畳、ビールケースなどで即席の飲食スペースを設け、飲食ができるというイベントだ。平日の朝ラッシュ時以外は３番線を使う列車がないからこそできる企画で、利用低迷を逆手に取ったナイスアイデアである。飲食物も、ビールはもちろん沿線にゆかりのある日本酒やおつまみ、大津線の名物イベント列車「おでんde電車」で提供されるおでんなど、京阪ならではのものが取り揃えられている。何よりも、「いつも使っている列車やホームで飲み食いする」ことの、なんと楽しいことか。鉄道ファンならずともハマってしまう人が続出しているようで、２０１６年（平成28年）からこれまでに４

回開催されたこのイベントは、いずれも大盛況だった。筆者としても非常に楽しかったので、ぜひとも定期的に開催してもらいたいものである。

また、なにわ橋駅に併設されたコミュニケーションスペース「アートエリアB1」では、様々なワークショップやトークショー、大学が運営するアートや防災・医療などの社会連携事業を実施。様々な人が行き交う駅という特性を生かした、新たな取り組みがなされている。

ところで、文中では中之島駅を「中之島線の『現在の』終点」と表現した。同駅は将来的に終点でなくなる可能性があるのだが、それは次章で説明しよう。

コラム

京阪と成田山の深い関係

京阪電車の車端部には、成田山大阪別院の御守が備えられている。成田山は交通安全祈願で知られており、京阪もその御利益にあずかろうとしているのか……と思ったら、さにあらず。実は、京阪とこのお寺にはもっと深い関係があるのだ。

１９２０年代後半の京阪は、新京阪線の建設などで多額の投資を行っていたことに加え、不況の影響を受けて経営難に陥っていた。これを打破するために、和歌山地域の事業売却などあらゆる手を尽くす一方で、京阪が保有していた遊休地に学校などを招致して利用者を増やすという作戦を取った。大阪医科大学や関西医科大学、大阪歯科大学などがその一例で、京阪から土地や建設資金の寄付などを受けている。

そんななか、大阪府の篤志家が千葉にある成田山新勝寺の別院建立を志した。その協力を打診された京阪は、大阪から見て鬼門（東北の方角）に当たる香里の土地を提供することに決定。１９３４年（昭和９年）に関西唯

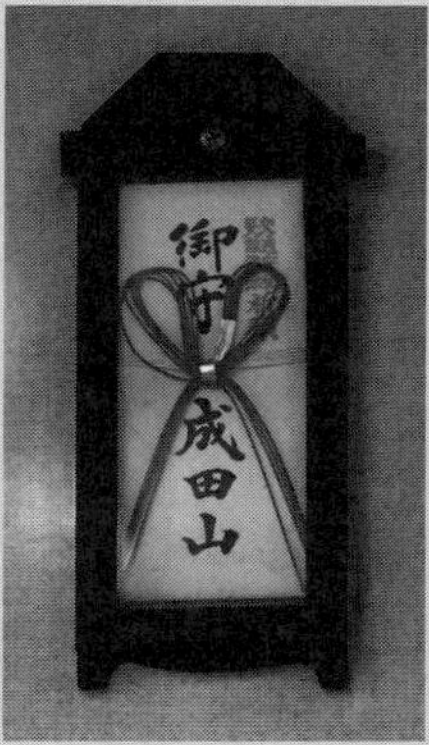

車端部の壁に掲げられた
成田山大阪別院の御守

男山ケーブルの車両。旧特急カラーを身にまとう

一の別院として、成田山大阪別院が完成した。こうした経緯もあって、京阪では成田山の御守を備えているのだ。

ただし、全車両中2両だけは成田山の御守がない。それは国宝・石清水八幡宮へ向かう男山ケーブルの車両で、さすがにここだけは同宮のものとなっている。ちなみに、石清水八幡宮では神の使いとされているハトだが、京阪特急のハトマークはここに由来するとも言われている。

男山ケーブルの車内には石清水八幡宮の御守が備えられている

第4章

観光開発から中之島線の将来構想まで京阪が取り組む沿線活性化

京阪の歴史とともに歩んだ「菊人形展」

●乗客を増やすための沿線開発

鉄道会社にとって、乗客数を増やすことは重要課題である。路線を建設する際に住民の多いエリアや商業地域を通り、その需要を取り込むというのが王道ではあるが、この方法は土地の買収や住民の理解を得るのに時間を要する。特に、騒音や振動といった問題に加え、鉄道黎明期には「鉄道は伝染病を運ぶ」などといった根も葉もないうわさが流れたため、自分たちの町を鉄道が走ることに対し否定的な感情を持つ住民も少なくなかった。さらに、都市間を結ぶ鉄道の場合はどうしても人口過疎地、さらには未開墾の地を走らざるを得ないこともある。

そこで各社は利用者を増やすため、様々な方策を講じることとなった。関西でよく知られているのは、阪急（当時は箕面有馬電気軌道）が１９１０年（明治43年）の開業後まもなく、沿線に住宅地を開発したというものである。鉄道会社がこうした住宅開発を手掛けたのは初めてで、当初「池田新市街」と名付けられたこの住宅地は、約２万７０００坪、甲子園球場2・3個分という広さで、住宅や道路などが整備された。さらに、高額な買い物でも現金取引が当たり前だった時代に、10年間の月賦（ローン）販売を取り入れて購入しやすくするなど、その販売方法も大いに注目された。こうした手法は、後に鉄道会社をはじめ多くの企業が参考にしている。

また、阪急は箕面に動物園を開設したり、宝塚に温泉や宿泊施設、劇場を建設し、後に宝塚歌劇団となる宝塚唱歌隊の公演を開催するなど、斬新な取り組みを次々に行った。これらは全て、阪急電車を使ってもらうことにつながり、さらに沿線の魅力を高めてブランドを向上させる目的を持っていた。結果的に、阪急のこの戦略は大成功となり、現在もグループ全体で確固たるブランドイメージを維持している。

さて、京阪もこうした関連事業を展開していくことになるのだが、その検討が始められたのは、実は鉄道を開業させる前からであった。会社設立後間もない1907年（明治40年）の取締役会で、既に遊園地の建設について議論がなされている。この「遊園地」というのは、現在の「ひらかたパーク」のようなアミューズメント施設が主体のものではなく、木々を植えて泉や梅園、休憩施設などを作る、いわゆる日本庭園の整備である。同時に、当時流行していた菊人形の興行をここで行うことも検討された。

菊人形や菊花壇といった菊を用いた芸術は江戸時代中期に始まったと言われており、秋の風物詩として庶民に広く親しまれていた。明治後期にはブームが沸き起こり、東京・両国の国技館では大規模な菊人形展が開催されている。一方、関西でも阪神が鳴尾や香爐園《こうろえん》で、南海が住吉や河内長野で興行を打つなど、鉄道会社が利用促進策として開催する例がすでに見られた。京阪の経営陣はこうした事例を参考に、菊人形に的を絞ったようである。

さて、遊園地は香里園に建設されることとなり、約2万5００坪の土地を購入。鉄道の開業から6カ月後の１９１０年10月15日に、京阪が主催する第1回目の菊人形展が始まった。この興行は47日間の会期中に約60万人が訪れるという大成功を収め、同時に鉄道の収入増にも大きく寄与した。資料によれば、京阪の往復切符を購入した来場者は入場を無料としたとの記録がある。

菊人形展は翌年も開催され、さらにスケールアップした展示で多くの人々を楽しませたが、この頃、京阪は経営が苦しくなってきたこともあり、香里遊園地の売却が検討されるようになる。一方で、菊人形展を含む遊園地の運営そのものは順調だったことから、代替地を探して事業を続ける方針が固められた。そこで、新たに枚方で土地を取得して整備し、菊人形展もここで行うこととなり、１９１２年には香里遊園地を売却する。以降ここは住宅地として分譲されることになり、また沿線各所でも宅地開発を進めていったが、その際には購入者に対して定期券を割引販売したり、土地や建物を担保に資金を貸すなどの施策で入居を促進した。

●「ひらかた菊人形展」の栄枯盛衰

一方、枚方の遊園地整備は香里から諸施設を移設するなどして早急に進められ、同年10月にはこの地で菊人形展を開催。前年の約3倍という規模がさらに評判となる。以来、戦争による中断や枚方以外での開催などを挟みながら、「ひらかた菊人形展」は約1世紀にわたって続けられ、その評判は、関西はもちろん遠く国外にまで広まるところとなった。戦前から海外のガイドブックでも紹介されたほか、1999年（平成11年）秋にはアメリカの植物園で出張興行も行われ、その技術と美しさは海を越えて人々を魅了した。

当初、枚方の施設は菊人形展をメインとしていたが、相乗効果や開催期間以外の集客を狙って遊園地を整備することとなり、1925年（大正14年）には飛行塔やボート、回転桶（詳細な資料は残っていないが、コーヒーカップのようなものと推察される）などが設置された。これがひらかたパークの起こりである。さらに、菊人形展の運営は第1回から

当初は菊人形展の興行場所として開発されたひらかたパーク

しばらく京阪が興行主に依頼する形を取っていたが、この頃から京阪が直接運営を行うことになり、名実ともに京阪の恒例イベントとなった。

　菊人形展は、昭和後期になると単なる季節のイベントではなくなってきた。すなわち、江戸時代から続く伝統文化という側面を持ち始めたのである。菊の栽培から舞台の構成企画、人形の製作などを1年以上かけて行い、このために全国の職人が結集していた。そのコストは莫大なものであったが、一方でレジャーの多様化などに伴って来場者数は次第に減少してゆく。また、いわゆる「絶叫系アトラクション」ブームが訪れ、ひらかたパークにも導入されるなど、来場者の嗜好と合わなくなってきた。さらに、職人の高齢化や後継者不足も深刻になり、もはや継続は困難な状況となった。こうして、2005年（平成17年）の第96回を最後に、毎年開催された菊人形展は終わりを告げたのである。

その後、2010年（平成22年）には京阪開業100周年記念事業として、また2012年にはひらかたパーク開業100周年を記念して、それぞれ菊人形展が開催されている。

精力を注いだ琵琶湖・比叡山・鞍馬エリア観光

●湖上を目指せ！　琵琶湖進出に向けた動き

ひらかた菊人形とともに、京阪が力を入れたのが琵琶湖・比叡山観光である。

前記の通り、三条～札ノ辻（上栄町～びわ湖浜大津間、1946年に廃止）間で営業していた京津電軌と良好な関係を築いていた京阪は、経営が苦しかった同社路線を存続させるために合併を持ちかけた。京津電軌では三条～出町柳間の路線免許を持っていた京都電燈との合併を希望する意見もあったが、国なども交えた協議の結果、京津電軌が手掛けていた事業のうち鉄道事業は京阪が、電力事業は京都電燈が引き継ぐのが最良という結論になった。合併は1924年（大正13年）2月に実施され、翌年には札ノ辻〜浜大津（現・びわ湖浜大津）間が開業、京阪の路線は琵琶湖畔に到達した。

一方、この頃、琵琶湖エリアの交通は船が担っていた。明治初期には多くの船会社が存在していたが、明治末期になると太湖汽船と湖南汽船の2社が大きな勢力となった。だが、1923年に江若《こうじゃく》鉄道が営業を開始し、琵琶湖西岸に沿って徐々に路線を延ばしていくと、次第に経営は悪化する。そこで2社は好調だった湖上観光に力を入れるようになるが、かねてから琵琶湖方面への進出を狙っていた京阪は、これをチャンスととらえて湖南汽船との連携を模索。生き残りを図る湖南汽船側と思惑が一致し、1926年（大正15年）には湖南汽船の株式の過半を京阪が取得するなど、協調が進んだ。対する太湖汽船は、1927年（昭和2年）1月に蛍谷（現・石山寺）〜三井寺間の軌道を経営していた大津電気軌道と合併し、同時に琵琶湖鉄道汽船へと名称を変更すると、5月には近江八幡〜新八日市間で鉄道事業を営んでいた湖南鉄道を合併。9月には三井寺〜坂本間を開業させるなど、経営基盤の強化に努めた。

湖南汽船と琵琶湖鉄道汽船の競争は次第に激しさを増していったが、乗客輸送の面では江若鉄道や国鉄東海道線にスピードで到底かなわず、また湖上観光についてもパイを奪い合う状態だった。そこで、京阪は湖南汽船を通じて琵琶湖鉄道汽船の統合に乗り出す。協議の結果、1929年に琵琶湖鉄道汽船は京阪に合併され、鉄道事業のうち蛍谷～坂本間を京阪が、近江八幡～新八日市間を新たに設立した八日市鉄道が運営するとともに、船舶事業は湖南汽船に組み込まれた。後に湖南汽船は、より歴史の長かった太湖汽船を名乗ることとし、さらに戦後の1951年（昭和26年）には琵琶湖汽船へと改称している。

●話題を集めた「スキー船」や「ミシガン」

湖南汽船との連携によって大阪から琵琶湖へのルートが確立されたのを機に、京阪は琵琶湖方面での観光開発に本格的に乗り出すことになる。その代表例が、第1章でも紹介した60形「びわこ」号による天満橋～三条～浜大津間の直通運転である。大阪市内から乗り換えなしで琵琶湖へ行けるとあって人気を呼び、繁忙期には3編成がフル活躍した。さらに、冬季は天満橋を夜22時に出発し、浜大津を深夜0時に出港する「スキー船」と連絡する列車も運転された。スキー船は早朝4時に海津港へ到着し、ここから連絡バスでスキー場に向かうというもので、当時は最先端のレジャーとして大きな話題となった。スキーシーズン以外には、琵琶湖の遊覧船に接続する直通列車なども運転されていたが、いずれ

スキー船の利用客を運ぶ60形「びわこ号」。天満橋～浜大津間で運転された
写真提供：京阪電気鉄道

も戦時中に中断となっている。

戦後になると、地元の漁業関係者などの協力を得て野洲《やす》川の河口付近に水泳キャンプ場「びわ湖マイアミ」を開設。この施設は、浜大津港から船でしか行けないというもので、話題を集めた。そして1951年（昭和26年）には観光船「玻璃《はり》丸」が就航する。当時としては破格の7100万円をかけて建造され、ガラスを多用した客室や流線形の操舵室が特徴だった。その宣伝方法も、約3000万円をかけて国鉄の全駅などにポスターを張り出すという型破りなもので、これが功を奏して連日超満員となり、その優美さから〝琵琶湖の女王〟と呼ばれて親しまれた。玻璃丸は30年以上にわたって活躍し、この間に約

琵琶湖を航行する外輪船「ミシガン」

250万人が琵琶湖クルーズを楽しんだが、1972年（昭和47年）から行われた琵琶湖総合開発事業の影響で琵琶湖の水位が下がり、航行に支障をきたす恐れが出たため1982年に引退した。

代わって登場したのが「ミシガン」で、水深が浅いところでも安全に航行できるよう、水車型のパドルを回転させて進む外輪船となった。トレードマークと言える真っ赤なパドルと、ベルサイユ宮殿をイメージした重厚な内装、そしてホテルのシェフによる本格的なフランス料理など、日本にいながら外国が味わえる非日常空間を演出。この年の乗船者数は予想の2倍以上に達し、1990年（平成2年）に就航した豪華客船「ビアンカ」と

就航当時の「ミシガン」の船内

ともに、新たな琵琶湖のシンボルとして好評を博した。就航から40年を控えた現在も高い人気を誇り、また毎年3月の「びわ湖開き」イベントで、NHK・朝の連続テレビ小説の出演女優が「ミシガン」の船上から大きな〝黄金の鍵〟を投げ入れるシーンは、春を告げる風物詩となっている。

こうした琵琶湖観光を支えるため、京阪では「ミシガン」に連絡する特急を時刻表などに明示し、列車にもヘッドマークを付けてPRに努めた。現在も、乗車券に「ミシガン」乗船券をプラスした割引きっぷが発売されている。

●山あり谷ありの浜大津エリア振興

このように書くと、琵琶湖エリアの観光事業は順風満帆だったかのように思えるが、実はそうではない。こうしたレジャーは流行り廃りが激しく、当初は爆発的な人気を呼んでも時間とともにインパクトが薄くなり、利用者が減少してしまう。琵琶湖汽船も「玻璃丸」の就航当初は大盛況だったが、次第に乗船者が減っていった。京阪にとって、琵琶湖エリアの観光振興は鉄道事業にも少なからず影響を及ぼすことから、同エリアの貸切バスやタクシー部門を琵琶湖汽船に移管するなどして経営基盤の強化を図った。

さらに、琵琶湖観光のてこ入れとして１９６６年（昭和41年）に「京阪レークセンター」が開設された。浜大津港に隣接したこの施設は、アクセス交通としての鉄道と駐車場、観光船のターミナルを備え、さらにこの頃、京阪グループ入りした関西航空（現：かんこう）が浜大津に遊覧飛行用の発着場を開設したことから、これらを結びつける観光基地としての役割を担うことになった。大規模なレストハウスやパノラマプール、ボウリング場やバッティングセンターもあるなど、様々なレジャーが楽しめる総合施設である。

一方、浜大津からは江若鉄道が近江今津まで営業しており、琵琶湖西岸の交通を一手に引き受けていた。同社と京阪は、路線が競合していたもののおおむね良好な関係で、自動車の普及によって同社の経営が苦しくなった１９６０年代には、京阪が資本・人材の両面で支援を行った。だが国鉄が湖西線の建設を決定すると、江若鉄道の存続はもはや絶望的な状態となったため、江若鉄道は鉄道事業を廃止し、跡地を湖西線の建設用地として売却した。

そして、この動きは京阪にとってもダメージを与えた。というのも、江若鉄道と違って湖西線は大津を通らず山科から直接、琵琶湖西岸へ向かうルートのため、人の流れが大きく変わったのである。大津線の利用客減少もさることながら、浜大津エリアの経済的な地盤沈下が進んだことから、地域活性化の一策として大津市の主導による浜大津駅周辺の整備が行われることになった。

当時、浜大津駅は石山坂本線のホームが現在より少し南側、京津線はそこから道を隔てた北西地点と、両線のホームが別の場所にあったため、乗り換えが不便で交通渋滞の原因にもなっていた。そこで、石山坂本線側へ統合するとともに橋上駅舎化し、バスターミナルなども整備されることとなり、1981年（昭和56年）に竣工。利便性が飛躍的に向上した。京津線ホームの跡地には複合施設「明日都浜大津」が建設され、核テナントとして「浜大津オーパ」が入居していた（現在は撤退している）。

さらに、1998年には京阪レークセンターを建て替え、ホテルなどもある「浜大津アーカス」が誕生、その湖岸から約4・8キロメートルにわたって続く「大津湖岸なぎさ公園」も整備された。ここ10年ほどの間にも、琵琶湖を眺められるカフェがオープンしたり、親水空間の拡張整備が行われている。ライフスタイルの変化や大規模商業施設の進出など、このエリアを取り巻く環境は決してやさしくないが、琵琶湖を身近に楽しめるスポットとして、京阪の注力は続いている。

●鞍馬・比叡山の観光開発と「きらら」「ひえい」

さて、京阪が重点的に力を入れているもう一つの観光スポットが鞍馬・比叡山エリアである。大正末期に出町柳～八瀬間は京都電燈が叡山線として営業を始めており、京津電軌の合併に当たっては前記の通り京阪との間で駆け引きがあったが、戦後に起こった鴨東線延伸についての協議などを通じて、次第に両者の関係は密接なものとなっていく。また、1929年（昭和4年）に山端（現：宝ケ池）～鞍馬間を全通させた鞍馬電気鉄道には京阪が出資しているなど、こちらも深い関係にあった。

鞍馬電気鉄道は1942年（昭和17年）に京福鞍馬線となり、以降は叡山線と一体で運営。一方、京福は昭和初期に八瀬からのケーブルカーとロープウェイを建設するなど、比叡山への参拝客輸送を担っていた。戦時中には不要不急路線として営業が休止されたものの、ケーブルカーは1946年（昭和21年）に、ロープウェイは金属供出のため撤去された鉄塔などの再建を経て1956年に営業を再開している。

そんななか、京阪は1958年に比叡山ドライブウェイを完成させ、比叡山観光に本腰を入れ始める。この有料道路は折からのモータリゼーションの波に乗り、順調に利用が増えていった。一方、この影響で乗客数の減少が危惧された京福側は、八瀬遊園や比叡山頂遊園などを建設して増収を図る。また、不動産業への進出、運輸部門の合理化、福井地区でのバス事業の強化と鉄道事業の縮小などを実施し、経営基盤の強化を図った。しかしながら、1980年前後には叡山線系統の赤字が経営を圧迫したため、1985年に分社化されることになり、叡山電鉄が設立された。そして同社の再建に際しては、鴨東線の建設によって路線の接する京阪が、手を差し伸べることになったのである。

1991年（平成3年）に京福から叡山電鉄株の60％を譲受した京阪は、さっそく叡山電鉄のテコ入れに着手する。その象徴とも言えるのが、鞍馬線に投入されたデオ900形「きらら」だ。同社のみならず、京阪グループ全体でも初の観光列車となった同車は、天井まで延びる大きな窓ガラスと、一部の座席が窓向きに配置されているのが特徴で、「紅

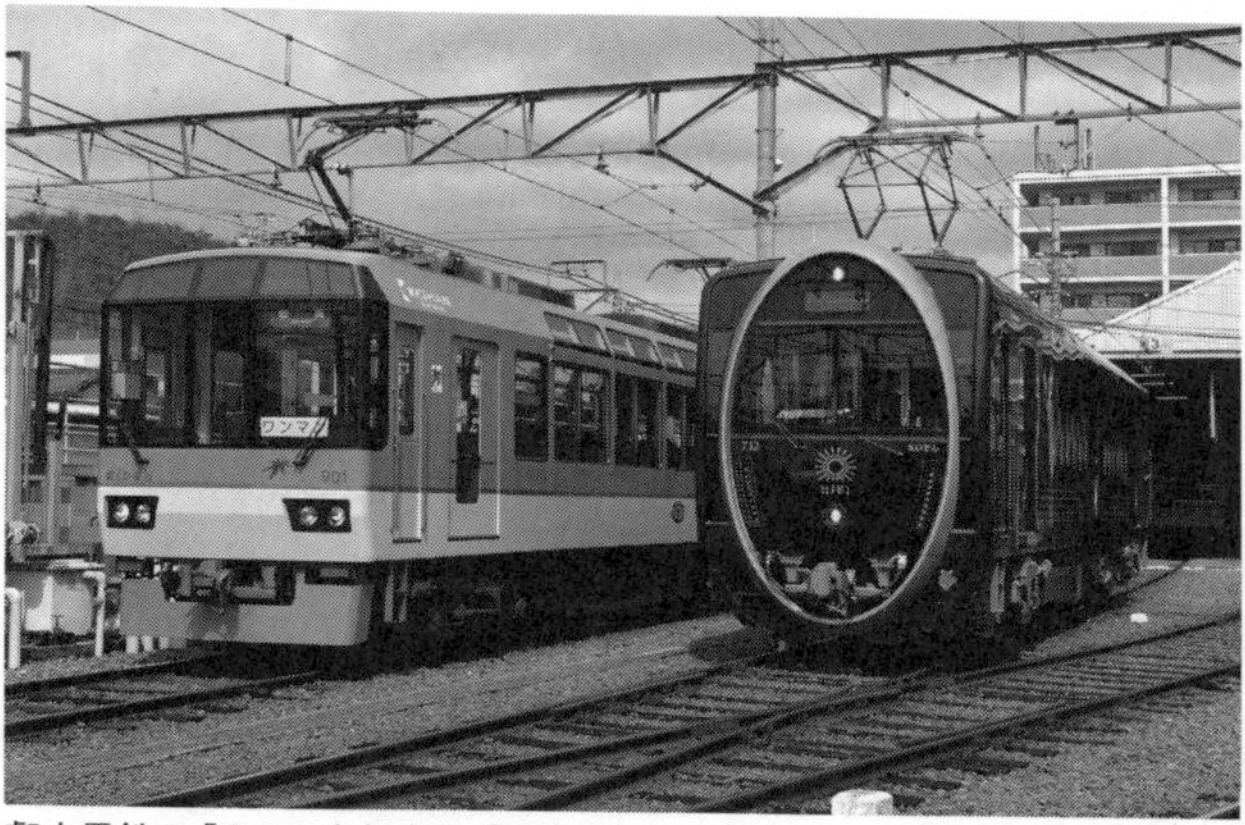
叡山電鉄の「きらら」（左）と「ひえい」

葉を見るために乗りにきていただく車両」というコンセプト通り、まるで森の中にいるかのような開放的な室内になった。後に、市原〜二ノ瀬間にある通称「もみじのトンネル」では紅葉シーズンにライトアップが行われ、夜間に通過する列車は車内灯を消灯して幻想的な光景が楽しめる工夫がされている。

さらに、京阪グループでは２０１５年（平成27年）度からの中期経営計画で、主要戦略の一つとして観光創造戦略や観光ルートの魅力向上を掲げており、京都中心部から八瀬〜比叡山〜坂本を経由して琵琶湖にいたるルートの活性化策として、２０１８年（平成30年）にデオ７３２号車が観光用車両「ひえい」へと改造された。

モチーフの楕円が随所に使われている「ひえい」の車内

これまでの鉄道車両にはなかった大胆な前面デザインは、上下のライトが叡山電鉄の2つの終着点である比叡山と鞍馬山を、大きな楕円は山々が持つ「神秘的な雰囲気」や「時空を超えたダイナミズム」を表している。扉や客室窓、手すりなども楕円が取り入れられ、その近未来的な車内はまさに神秘の世界といった雰囲気だ。これらのデザインは、京阪8000系のリニューアルデザインなどを手掛けているGKデザイン総研広島によるもので、よく観察すると随所に共通点を見出すことができる。余談だが、改造に合わせて台車は廃車となった京阪5000系のものに交換された。

同年には、石山坂本線の4駅が名称を変更しており、このうち坂本比叡山口駅は比叡山観光ルートの玄関口であることが、駅名からも分かるようにされた。このルートを一周できる周遊きっぷも設定されており、今後も様々な取り組みに期待したい。

アニメ作品に登場する京阪電車と駅

●鉄道ファンも息をのむ、車両や駅のリアルな描写

皆さんは「コンテンツツーリズム」という言葉をご存じだろうか。よく「ロケ地めぐり」「舞台めぐり」といった言葉でも表現されているが、これはドラマや小説、映画などに登場する場所を旅することを意味している。以前からこうした形の観光は見られたが、2000年代後半から特にアニメ作品のファンによる「聖地巡礼」が活発となり、メディアにも取り上げられるようになった。ここ数年では、茨城県大洗町が「ガールズ&パンツァー」の、岐阜県高山市が「君の名は。」の舞台として知られるようになり、多くの人が訪れている。

実写であるドラマなどと違い、アニメ作品は架空の街や風景を作り出すことも容易に可

宇治駅に停車中の13000系。アニメではこのシーンが忠実に描かれている

能だ。その反面、実在の景色を忠実に描くことで、その場所を知る人にはよりリアル感が生まれ、また知らない人でもそこに行けば作品に深く入り込むことができる。地域にとっても、ファンがその地を訪れるきっかけとなり、活性化や話題作りにつながるため、作品の制作段階から積極的にかかわる例が増えている。

ところで、鉄道というのは作品中に描かれることが多いアイテムの一つである。そこで、近年は鉄道会社もこうした動きにコラボレーションすることが増えているが、実は京阪はその中でも代表例の一つなのだ。

京阪がアニメ作品で大きく登場したのは、2012年（平成24年）に第1期が放映された「中二病でも恋がしたい！」が最初である。主人公の高校生は京阪石山駅（作品では「菱山駅」になっている）の付近に住んでおり、ここから石山坂本線に乗って穴太駅近くにある高校へ通うという設定で、両駅や京阪の車両が登場する。ここに来ればあたかも自分が主人公になったような気分が味わえることから、作品のファンが押し寄せ、石山坂本線の乗客数は明らかに増えたという。

こうした動きを受け、2015年から始まった「響け！ユーフォニアム」シリーズでは、京阪も取材協力という形で協力を惜しまなかった。この作品の舞台は宇治で、吹奏楽部に所属する主人公やその仲間たちが、京阪電車を通学で利用する。例えば作中に出てくる13000系は、外観はもちろん車内の床や座席、手すりの曲がり具合まで正確に再現。宇治駅に停車するシーンも、ホームの標識や自動販売機の位置、掃除道具入れにいたるまで、よくぞここまで描いたと感心するほどそっくりだ。作品を見たことがない方は、ぜひ一度ご覧いただきたい。

●京阪がアニメとタイアップする理由

さて、ここでもう少し踏み込んで考えてみたい。それは「京阪がアニメ作品に協力する意義」である。

単に京阪がアニメで緻密に描かれただけでは、アニメファンは「ああ、こういう電車があるんだな」、鉄道ファンは「おっ、なかなか正確に描かれているな」と感じるだけである。一部のファンが現地へ行き、京阪電車に乗ったとしても、それだけで終わってしまうだろう。

そこで、京阪は制作段階での協力とともに、公開後も版権元や宇治市などと連携して、さまざまなタイアップ企画を実施している。前述の「響け！ユーフォニアム」では、列車に記念ヘッドマークを掲出したり、石山坂本線ではキャラクターを描いたラッピング車両が運行されている。ファンはこれらを見るために京阪を訪れるとともに、作品を知らない人が興味を抱くきっかけになる。さらに、宇治線の各駅にキャラクターの等身大パネルを設置したり、作品に登場した市内のスポットを紹介するパンフレットの配布、それらを巡るデジタルスタンプラリーの開催なども行われている。興味を持った人々が、実際に宇治を訪れて街中を歩くことで、作品には描かれていない宇治の魅力に触れることになる。こうして、アニメや鉄道をきっかけとして、宇治を訪れる人が増え、さらにリピーターとなっていく。これこそが、京阪が目指している「観光共創」＝地域と京阪グループで観光を共に創る、ということなのだ。

実は、かくいう筆者もこうして宇治を頻繁に訪れるようになった一人である。「京阪電車がリアルに描かれたアニメがある」という話を聞き、作品を見てのめり込み、舞台めぐりで宇治を訪れるようになり、作品には出てこない名所やグルメ（宇治と言えばお茶を使った料理やスイーツが有名であり、その他に地ビールもある）を楽しむようになった。観光センターに置かれたノートには、はるばる台湾から来たというファンや、ヘッドマークを見て作品を知り宇治に来たという人、「20回目の訪問で初めて（作品には登場しない）平等院鳳凰堂に行った」という書き込みも見られた。地域と鉄道、アニメと現実がうまく組み合わさり、人が動くきっかけを作り出している。京阪はこうした取り組みの好例として、全国的にも注目を集めているのだ。

「響け！ユーフォニアム」は新たな映画の公開も控えており、これに合わせて京阪が更なる〝何か〟を仕掛けてくるのか、鉄道ファンとしても作品のファンとしても、楽しみである。

多彩な車両にグルメな列車、大津線の取り組み

●次々と登場するラッピング車両

京津線と石山坂本線からなる大津線は、本線とは全く様相が異なる路線だ。路面区間や急カーブ、急勾配のある路線を、小さな車体の車両が走り抜ける様子は、独特の趣がある。本線を走る列車とは全く違い、他の大手私鉄でもなかなか見られないオンリーワンの光景として、すっかり街になじんでいる。

反面、独自仕様の車両をはじめ各方面でコストがかさんでおり、また1997年（平成9年）の京津線一部廃止により京都市内への運賃が実質大幅値上げとなったことで乗客が減少し、大津線の収支は赤字が続いていた。そこで、2002年（平成14年）から翌年にかけ、列車のワンマン化とそれに伴うステーションスタッフの増員、自動券売機の整備などが行われ、人数にして108人、年間8億円の人件費を削減したと記録されている。さらに、この時に労使間で分社化についての基本合意がなされ、その前段階として2004年には大津運輸部が〝みなし分社組織〟となった。以降、大津線は独自の営業施策や運営

のスリム化を図っていくのだが、これらの改善策をもってしても大津線の黒字化は難しく、現在にいたるまで分社化は行われていない。

こうした状況のなか、大津線では本線とは違ったユニークな取り組みが進められている。その一つが、多彩なラッピング車両の運転である。先駆けとなったのは2000年（平成12年）に登場した「マザーレイク号」で、琵琶湖の水をイメージした水色基調の車体が実に新鮮だった。「マザーレイク号」は2013年までの13年間、特別塗装車両としては異例とも言える長期にわたって運行された点も興味深い。さらに2000年代中頃からは、増収策の一環として企業の広告を側面に入れた車両も登場している。

2006年には、本線とともに「きかんしゃトーマス号」のラッピング車両がお目見えし、特に子どもたちから絶大な人気を集めた。技術の発達により車体全面へのラッピング表現が可能になったことで、これ以降の大津線ではフルラッピング車両が多く登場することになり、それを目当てに訪れる人々も増えている。

次に大きなブレイクとなったのは、2011年に登場したアニメ「けいおん！」のラッピング車両だった。「けいおん！」の作品中に出てくるのは叡山電鉄の車両であり、京阪と直接の関係はないが、叡山電鉄では作品とタイアップした記念きっぷの発売やヘッド

大津線で見られるラッピング車両

マークの掲出で多くのファンを集めたため、親会社・京阪としてもブームに〝便乗〟したというわけだ。この企画は大成功を収め、大津線にも多くのファンが押し寄せるとともに、叡山電鉄との相乗効果も生まれた。これを機に、大津線では「中二病でも恋がしたい！」「ちはやふる」「機動戦士ガンダムＡＧＥ」「響け！ユーフォニアム」といった、アニメのラッピング車両が多く見られるようになり、そのたびにそれぞれのファンが沿線を訪れた。運行期間中、とくに初期の頃は、明らかに乗客数が増えたというデータもあるという。最近では「響け！ユーフォニアム」のファンで結成された吹奏楽団が、このラッピング車両を借りて車内で演奏会を開くなど、新たな楽しみ方も生まれている。

●冬の風物詩となったグルメ列車

もう一つ、大津線で面白い取り組みとして注目したいのが「おでんde電車」だ。その名の通り、車内でおでんやお酒を味わいながら旅ができるというイベント列車で、全国各地で走っているビール列車の〝進化版〟だ。2010年から運行されており、もはや大津線の冬の風物詩となっている。車両はこのために装飾が施され、車内には赤ちょうちんやのれんがぶら下がっていて雰囲気は満点。いつも何気なく通り過ぎている町の景色も、この列車からは違ったものに見える。予約がすぐ埋まるほどの人気イベントとなっていて、2018年（平成30年）にはこのノウハウを生かし、グループ会社の琵琶湖汽船でも「汽船deおでん」が登場している。

こうした企画は、小回りが利く組織だからこそ実現できる。まさに、ピンチをチャンスにした好例と言えるだろう。

京阪の将来を変える？　中之島線のポテンシャル

●中之島線の運命を握る「万博」と「カジノ」

２００８年（平成20年）に開業した中之島線は、第３章で記したように利用が低迷しており、現在はそのポテンシャルを十分に発揮しているとは言い難い。沿線の再開発が低調となっているのが原因で、同線を走る列車は普通列車のみという時間帯が多く、どちらかというと日陰の存在になっている。

だが、今この路線がにわかにスポットを浴びている。ひょっとすると、ここ十数年のうちに〝大化け〟するかもしれないというのだ。

その要因の一つである中之島線の延伸構想は、建設当初からあった。２００４年（平成16年）に発表された近畿地方交通審議会の答申では「京阪神圏において、中長期的に望まれる鉄道ネットワークを構成する新たな路線」の一つとして、北大阪急行や大阪モノレールの延伸、なにわ筋線などとともにリストアップされている。これによると、ルートは中之島から西へ進み、西九条駅～阪神千鳥橋駅付近を経由してＪＲ桜島駅の北西にいたるも

中之島駅の先端にあるシールドマシンのモニュメント。先へ延びる日は来るのだろうか

のとされている。だが、現区間の利用が低迷しており、また大阪でのオリンピック開催が幻に終わったこともあって延伸部の開発が進まなかったため、着工のめどは立たない状態だった。

　ところが近年、二つの転機が訪れる。一つは、２０２５年の国際博覧会（万博）に大阪が立候補したことである。会場予定地である人工島の夢洲《ゆめしま》は公共交通機関がバスしかなく、約２８００万人と想定されている来場者を輸送するのは難しい。そこで会場へのメインアクセス手段として、中之島線の延伸が浮上した。つまり、万博招致が成功するかどうかが延伸のカギを握っているのだ。開催地を決める博覧会国際事務局の総会は２０１８年

11月23日で、本書の執筆時点ではわずかにその結果が間に合わない。出版される時点では決着がついているはずで、その結果は読者のみなさま自身でご確認いただきたい。

とはいえ、万博輸送はあくまでも一時的なものであり、約半年の会期が終わった後、その路線をどうやって維持していくかが重要となる。例えば、1970年（昭和45年）に開催され、約6400万人もの入場者数を記録した前回の大阪万博では、そのメインアクセス手段として北大阪急行が建設されたが、同線は万博の閉幕後も千里ニュータウンの足として活用されている。反面、愛知万博のアクセス手段として建設された愛知高速交通（リニモ）は、沿線開発が進まなかったことに加えて名古屋市中心部へ直接アクセスできないことから、利用は低迷している。中之島線についても、現状では延伸部の沿線に大きな需要は見込めず、閉幕後の運営に苦慮することが予想されていた。

ここに、もう一つの転機が到来する。大阪府や大阪市が主導して、夢洲にカジノをメインとした統合型リゾート施設を建設するという構想が出てきたのだ。日本国内ではカジノの運営が法律で禁止されているが、エリアを限定してこれを認めるという「IR法案」が2018年7月に成立した。現在はエリア選定が行われている段階で、大阪も名乗りを上げており、もし誘致が成功すればこれも中之島線延伸の大きな後押しとなる。

こうした動きを受け、中之島線の延伸がにわかに現実味を帯びてきた。2018年2月には、そのルートとして中之島〜九条〜西九条を検討していることが明らかになった。夢洲へは中之島線が直接乗り入れるのではなく、延伸が計画されている大阪メトロ中央線と九条で、JRゆめ咲線（桜島線）と西九条で接続する予定で、京阪によれば1000億円規模を投じて5年以内の開業を目指すとしている。

もちろん、この計画は大阪万博や統合型リゾートの招致成功が前提となっており、その行方次第では夢物語となる可能性も大いにあり得る。中之島線の未来はまさに現在進行形で動いており、近いうちに決着するに違いない。

ちなみに、中之島線は資金調達面などから「償還型上下分離方式」によって建設されている。この「償還型上下分離方式」というのは、自治体や民間からの出資で第三セクター会社を設立し、この会社が路線を建設した後で運営会社に貸し出すという方式で、国や自治体の補助を受ける上でメリットがあることなどから採用された。このため、現在でも中之島線の施設は中之島高速鉄道株式会社が所有しており、京阪は運営会社という立場である。延伸が決まった場合、どのようなスキームが採用されるかは未定だが、おそらく同様の方式となるだろう。

●なにわ筋線との連携で観光のメインルートに

中之島線の延伸がどのような結論を迎えるのか興味深いところだが、実はもう一つ、中之島線を大きく変える動きがある。それは、2017年に計画の概要が発表された「なにわ筋線」である。

なにわ筋線は、JR難波駅と南海新今宮駅からなにわ筋を北上して北梅田駅（仮称）につながる路線だ。北梅田駅ではJR東海道貨物支線に接続し、新大阪方面に乗り入れる計画で、1980年代から建設が取りざたされてきた。湊町駅の再開発で生まれ変わったJR難波駅は地下駅となったが、これも将来のなにわ筋線の建設を見越したものである。中之島線の延伸と同様、2004年の答申でリストアップされたが、3000億円を超える事業費がネックとなり、これまで計画は進まなかった。だが、関西空港を経由する外国人観光客が増加していることを受け、大阪市中心部と関西空港をダイレクトにつなぐ路線として整備されることになった。ルート選定や事業費の分担などについても議論が進んでおり、2030年度の開業を目指して着実に取り組みが進んでいる。

このなにわ筋線は、中之島駅で中之島線と乗り換えができる予定となっている。実際に中之島駅はこれを見越した構造となっており、なにわ筋線の中之島駅（仮称）に接続する

中之島駅の改札口から延びる長い連絡通路。この先でなにわ筋線とつながる予定だ

地下通路もほぼ完成している。そして、なにわ筋線が開業すれば、この中之島駅を介して関西空港から京阪沿線へ1回の乗り換えで向かうことができるようになるのだ。京阪沿線には外国人観光客が多く訪れる観光スポットが点在しており、これらへのアクセスが飛躍的によくなるわけで、京阪としてもかなりの期待を抱いていることだろう。

さらに、なにわ筋線は南海に乗り入れることから、南海側のダイヤ設定いかんでは京阪沿線から高野山方面へのアクセスも便利になる可能性がある。これまで、その距離や乗り換えの多さなどから、それぞれが魅力的なコンテンツでありながら結びつきの弱かった両エリアだが、将来には1日で回れるようになるかもしれない。

今は存在感の薄い中之島線だが、実は京阪の将来を左右するポテンシャルを秘めているのである。15年後、どう大化けしているか、今から楽しみだ。

コラム

水上バスとおとぎ電車

琵琶湖観光について触れたが、実はこれ以外にも京阪は〝水辺〟と縁がある。

その一つが、大阪水上バスだ。1983年（昭和58年）に大阪城の築城400年を記念したイベントが開催されることになった。そして、これに合わせて大川（旧淀川）と堂島川、土佐堀川を周遊する水上バスの構想が持ち上がり、船舶輸送のノウハウがある琵琶湖汽船をグループ会社に持つ京阪グループが参画。「アクアライナー」と名付けられ、昼間は大阪城港をはじめ4カ所の港を経由する周遊ルート、朝夕は桜ノ宮と堂島を結ぶ通勤船として、同年10月から運航を開始した。このエリアでは、戦前に通勤船が運航されており、また1966年までは遊覧船もあったが、それ以来となる水上交通の復活である。

「アクアライナー」は、水都・大阪を全く違った角度から眺められる観光手段として、大きな話題となった。これをステップとして、1998年（平成10年）にはオープンデッキを備えた蒸気船風の「ひまわり」もデビューしたほか、現在は道頓堀川を下って湊町リバープレイスにいたる「水都号　アクアmini」も運航されている。

さらに、天保山エリアの開発が進んだ1990年（平成2年）には、大阪港を周遊する観光船「サンタマリア」が就航する。コロンブスが新大陸に向け航海した「サンタマリ

大阪ビジネスパーク（OBP）をバックに航行する「アクアライナー」

大阪南港から出航する「サンタマリア」

ア」を約２倍の規模で復元した船で、デイクルーズに加え、大阪港に沈む夕日が眺められるトワイライトクルージングも好評だ。「海遊館」などのユニークな建物や港湾施設が並ぶ中、ひときわ存在感を放っている。このほか、大阪水上バスでは子会社を設立して「ユニバーサル・スタジオ・ジャパン」と天保山を結ぶシャトル船の運航にも乗り出したが、こちらは利用客が低迷したため１年ほどで廃止されている。

また、オールドファンの間で知られているものに、宇治の「おとぎ電車」がある。宇治川では大正時代から水力発電が行われており、この工事資材を運搬していた宇治川汽船が遊覧船を営業。「宇治川ライン」として親しまれていた。一方、同様に資材運搬で使われていたトロッコ軌道はそのまま放置されていたため、京阪はこれの活用を思いつく。鉄道として営業する場合は法律面などで手間がかかることから、遊覧鉄道として運行することになり、１９５０年（昭和25年）に電気機関車とテント張りのトロッコ客車が全長３・６キロメートルを走る「おとぎ電車」が開業した。

おとぎ電車は川べりやトンネルなど変化に富んだ場所を走り、また宇治川ラインへのアクセスにも便利なことから、観光シーズンには２時間半待ちとなるなど大盛況だった。だが、１９５３年（昭和28年）の秋に襲来した台風の影響で、全線が水没し機関車や客車も大半が流されてしまう。そこで、再建に際してスペインで走っていた「タルゴ」に似た連

宇治川に沿って走っていた「おとぎ電車」
写真提供：京阪電気鉄道

接式客車を導入し、翌年春に営業を再開。その可愛らしい列車は再び人気を集めた。

　だが、この台風で下流の家屋なども大きな被害を受けたことから、かねてから検討されていた天ケ瀬ダム建設の計画が一気に進む。そして、おとぎ電車は路線の大半がダムで水没するため、１９６０年（昭和35年）春をもって営業を終了することになった。最後のシーズンは多くの人が訪れ、その別れを惜しんだという。

　このほか、京阪は１９８０年代に若狭湾や瀬戸内海与島でも観光事業を展開したが、これらは業績の悪化により、いずれも撤退している。

あれもこれも、実は京阪グループ

関西の観光や人々の暮らしに深くかかわっている京阪。意外な施設が実は京阪グループだったりもする。ここではそのいくつかを紹介しよう。

①ジューサーバー（Juicer Bar）

オレンジ色の店舗で知られる「ジューサーバー」。フレッシュジュースを提供する店として、関西だけではなく関東にも進出しており、池袋や北千住、川崎に店舗があるこのブランドは、実は京阪グループが手掛けている。京阪レストランが2000年（平成12年）に淀屋橋駅の構内に1号店を開設し、以降主要駅に展開。2003年に分社化され、関西以外にも進出していった。大阪名物「ミックスジュース」が東京で飲める、貴重な店の一つとして人気がある。

ちなみに、かつてはJR東日本の駅構内でも同社のグループ会社がフランチャイズとして展開していたが、現在は自社ブランドに切り替えられている。

②京都タワー

ＪＲ京都駅を降りると、中央口の目の前に建つロウソクのような展望タワーが京都タワーである。京都市内を一望できるこの建物は、東海道新幹線の開業に合わせて建設され、１９６４年（昭和39年）に営業を開始した。もともとここは京都中央郵便局があった場所で、その跡地に京阪自動車の所有地を合わせて整備されることになり、その過程で京阪グループの参画が決まった。タワーの高さは１３１メートルで、鉄骨を使わず筒状の外壁で支えるモノコック構造が採用されている。

タワーの土台となっている建物にはホテルや物販・飲食施設、外国人向けの案内センターがあるほか、地下には開業当時から大浴場が開設されており、京都の一等地にありながら低料金で入れる入浴施設として根強い人気を誇っている。

2017年11月に「ウィンターイルミネーション　ときめきプロジェクト」でライトアップされた京都タワー

③アンスリー

京阪の駅構内で見かけるコンビニエンスストア「アンスリー」。これが京阪グループだというのは何となく想像できるだろう。でも、南海の駅構内にあるのも「アンスリー」である。これは一体？

実は、アンスリーは京阪と南海がそれぞれ運営しているコンビニの愛称なのである。JR西日本の「ハートイン（Heartin）」や阪急の「アズナス」に対抗しようと、1997年（平成9年）に展開を開始。当初は阪神も参画しており、ブランド名の「アンスリー」は、3社のローマ字表記に「keihAN」「nANkai」「hANshin」と「AN」があることに由来している。京阪では、樟葉駅に設置されたのが1号店で、駅のリニューアルなどで増減を繰り返しながら、現在も同ブランドで展開している。ただし、阪神は阪急と経営統合した関係で、ブランドを「アズナス」へ統一したため、現在は「AN」が2つとなってしまった。

終章

受け継がれ、進化する〝京阪スピリッツ〟

創業してから1世紀余り、京阪は路線を延ばしながら着実に発展を続けてきた。近年でも、鴨東線や中之島線の開業、京都市営地下鉄への乗り入れ開始などがあったが、大手私鉄の中で今も路線を延ばし続けている会社はあまり多くなく、そういう意味では京阪とその沿線のポテンシャルの高さがうかがえる。また、淀屋橋延伸と1900系、鴨東線と8000系、そして中之島線と3000系といった具合に、路線開業とともに新たな特急車両が生まれるのも京阪の〝伝統〟である。

仮に中之島線の延伸が実現したとして、これが開通する2024年頃には、8000系がデビューから35年を迎える。内装はリニューアルされているものの、走行機器は旧来の界磁位相制御方式であり、省エネやメンテナンス面で時代遅れの感は否めない。かつての3000系や8000系がそうであったように、まずは1編成が登場するといった展開も

鴨東線の開業日に運転された8000系の祝賀列車

十分にあり得るわけで、京阪ファンとしては期待が膨らむところだ。

２０１８年度からの中期経営計画では、第４章で触れた「大阪東西軸復権」のほかに観光面への注力が大きく取り上げられている。比叡山から琵琶湖に至る観光ルートを「山と水と光の廻廊」と名付け、叡山電鉄の観光用車両「ひえい」の導入にも見られるように、グループ全体で同エリアの活性化に取り組んでいる。

また、新たに洛北～東山、伏見～宇治に連なるエリアや洛北などをターゲットに加え、地域と連携しながら観光ルート化を推進するほか、淀川の船運活性化や琵琶湖疏水通船の本格運航なども盛り込まれた。琵琶湖や大川でのクルーズ船のノウハウを生かして、どんな観光コンテンツが育っていくのか、楽しみである。

鉄道ファンとしては、観光列車の登場も期待したいところである。「普段とは違った雰囲気で移動を楽しみたい」というニーズに対し、京阪は「プレミアムカー」やダブルデッカーで応えているが、もっと気軽に旅行気分を味わえるような、あるいは乗った瞬間から観光地に行った気分になれるような列車があってもいいのではなかろうか。

振り返れば、テレビカーも含めて京阪特急は、他社より所要時間が長いことを逆手にとったサービスで乗客を魅了してきた。例えば阪急の「京とれいん」や西日本鉄道（西鉄）の「水都」「旅人《たびと》」のような、いわば〝都会型〟の観光列車は、こうした京阪の事情にもピッタリであるように思える。また、大阪や京都から宇治に直通し、車内で抹茶や和菓子を味わえる列車というのも楽しいだろう。沿線の観光コンテンツもリンクできる、こうした取り組みにも期待したい。

本書では、鉄道事業を中心に話を展開したが、かつて電力事業を大々的に手掛けていたことからも分かる通り、京阪は関連事業にも積極的に取り組んでいる。第1章で少し触れたように、日本で初めて「スーパーマーケット」という名称を使ったのは京阪だと言われている。１９５２年（昭和27年）に京橋でオープンした「京阪スーパーマーケット」がそれで、当初は食料品に的を絞っての店内構成だったが、後に衣料品や雑貨なども扱うようになるなど方針を変更し、次第に売り上げを伸ばしていった。日本の流通業界を変えたと言われるダイエーが、その１号店を京阪沿線の千林に開店させたが、これもなにかの縁かもしれない。

１９３２年（昭和7年）には「白木屋」と共同で「京阪デパート」が設立され、天満橋や枚方などで流通事業を展開した。戦後は「松坂屋」と共同で天満橋駅に「京阪ビルディング」を建設する一方、自社による本格的な百貨店運営も夢として持ち続け、１９８５年（昭和60年）に「京阪百貨店」を守口市駅前にオープンさせた。ちなみに、この場所は守口車庫の跡地にあたる。出店に際しては、「阪急百貨店」の協力を得ながら2年半かけて人材育成を行うなど、全くの素人集団からのスタートだった。こうしたところも、新しいことへ積極的にチャレンジする、創業時からの〃京阪スピリッツ〃の表れと言えるだろう。

また、京阪沿線で目を引く施設の一つに、樟葉駅付近のゴルフ場がある。まだ日本にゴルフ文化が根付いていなかった１９５７年（昭和32年）に、京阪と住友グループの共同出資で開設された。「樟葉パブリック・ゴルフ・コース」という名前が示す通り、一般市民が気軽にゴルフを始められるよう、低料金とともにルールやマナーを解説する月刊誌を発行するなど、ゴルフ文化の育成にも大きな役割を果たした。

同時に、このゴルフ場は当時まだ洪水対策が十分でなかった淀川の、いざという時の緩衝地帯という役目も担っていた。宇治川上流に天ケ瀬ダムが建設されるまでは、たびたびコースが水に浸かり、その復旧作業に追われた。一方で、水が引いた後のコースにはウナギやコイ、スッポンなどが残され、従業員らの〝作業後の楽しみ〟になっていたというエピソードもある。現在は、約1年をかけて大規模なリニューアル工事が行われており、駅に直結したアクセス至便なゴルフ場として、これからも親しまれることだろう。

このほか、「香里ニュータウン」や「くずはローズタウン」に代表される不動産事業、ユニバーサル・シティや札幌にも進出しているホテル事業など、様々な事業を展開している。近年はオーガニックライフの普及にも力を入れており、有機野菜の生産や流通を手掛ける会社をグループに持っているが、この分野のさらなる展開として新事業「BIOSTYLE」プロジェクトを推進。省エネの推進といった従来の施策に加え、ゼロエネルギーハウスや化粧品などの製造、小売業にも進出するとしている。四条河原町には、食や美容、宿泊を通じてこれらが体感できる複合商業施設も開業する予定だ。

スピード感を持って経営に取り組むため、２０１６年（平成28年）には持株会社制に移行した京阪。明治末期から４つの元号を跨いで発展し、平成が終わろうとする今、次の時代に向けて新たな一歩を今まさに踏み出そうとしている。今後どんな展開で我々を魅了し、生活を豊かにしてくれるのか、大いに期待したい。

おわりに

大阪府高槻市で生まれ、その後すぐ大阪府吹田市に引っ越して二十数年間を過ごした筆者にとって、最も身近な鉄道は国鉄と阪急であり、淀川の対岸を走っていた京阪電車は〝比較的近くを走っているが、それほど馴染みのない鉄道〟だった。だが後になって思えば、この頃親しんでいた阪急京都線と阪急千里線は、もともと新京阪鉄道が建設した路線であり、そういう意味では京阪と多生の縁があったと言えるかもしれない。

初めて京阪の車両を目にしたのは、確か10歳の頃である。家族で宇治へ出かけた際、当時まだ移転前だった宇治駅の改札口から、ホームに停まる１９００系を見た瞬間、銀色に光るバンパーのカッコ良さに一目惚れしてしまった。この時は車での移動だったため乗車は叶わなかったが、その数カ月後に鉄道ファン仲間と初めて京阪に乗りに行き、１９００系が来るのをひたすら待った覚えがある。

まだフィルムカメラの時代、小学生にとってフィルム代や現像代は高かったため、あまり写真は撮らなかったのだが、この頃の写真を見返すとデビューしたばかりの８０００系よりも１９００系の方が明らかに多い。花型の特急車両よりも一般車両に興味を持つ性格は、この頃すでに出来上がっていたようだ（余談だが、筆者が一番好きな車両は１０３系とキハ30系である）。社会人になった後、ひらかたパークで開かれた京阪の部品即売会で購入した１９００系のバンパーは、今でも宝物である。

長々と思い出を語ってしまった。生粋の京阪ファン、というわけではない筆者だが、おかげさまで様々なご縁があり、本書を出版させていただくこととなった。これをきっかけに、皆さんの頭の中にある〝京阪像〟が、より深く魅力的なものになれば幸いである。

最後になりましたが、本書を執筆する機会をいただき、また多大なるお力添えをいただいた交通新聞社の皆様、資料のご提供などでご協力いただいた京阪電気鉄道の皆様に感謝するとともに、公私にわたり多くのアドバイスをいただいた藤原進氏と春近惇氏に、この場をお借りして心より御礼を申し上げます。

平成30年11月　伊原　薫

おもな参考文献

「鉄道ファン」（交友社）各号

「鉄道ジャーナル」（鉄道ジャーナル社）各号

「鉄道ピクトリアル」（電気車研究会）各号

「京阪百年のあゆみ」（京阪電気鉄道）

「京阪電車　車両の100年」

（京阪電気鉄道発行・ネコパブリッシング発売）

「カラーブックス　日本の私鉄　京阪」（保育社）

「ＪＴＢキャンブックス　京阪電車」（ＪＴＢパブリッシング）

伊原　薫（いはら　かおる）

1977年大阪府生まれ。京都大学大学院都市交通政策技術者。『鉄道ダイヤ情報』『旅の手帖』『鉄道ファン』などの鉄道・旅行雑誌や、「Yahoo!ニュース個人」「乗りものニュース」などで執筆。著書に『大阪メトロ誕生』（かや書房）のほか、『大阪鉄道大百科』（KADOKAWA）等を監修・メインライターとして手がけた。また、グッズ制作やイベント企画、テレビ番組出演、映像コンテンツの監修、地域公共交通のアドバイスなども幅広く行う。

交通新聞社新書129

「技あり！」の京阪電車

創意工夫のチャレンジ鉄道

（定価はカバーに表示してあります）

2018年12月15日　第1刷発行

著　者――伊原　薫

発行人――横山裕司

発行所――株式会社　交通新聞社

https://www.kotsu.co.jp/

〒101-0062　東京都千代田区神田駿河台2-3-11

NBF御茶ノ水ビル

電話　東京（03）6831-6550（編集部）

東京（03）6831-6622（販売部）

印刷・製本―大日本印刷株式会社

ISBN978-4-330-92118-1